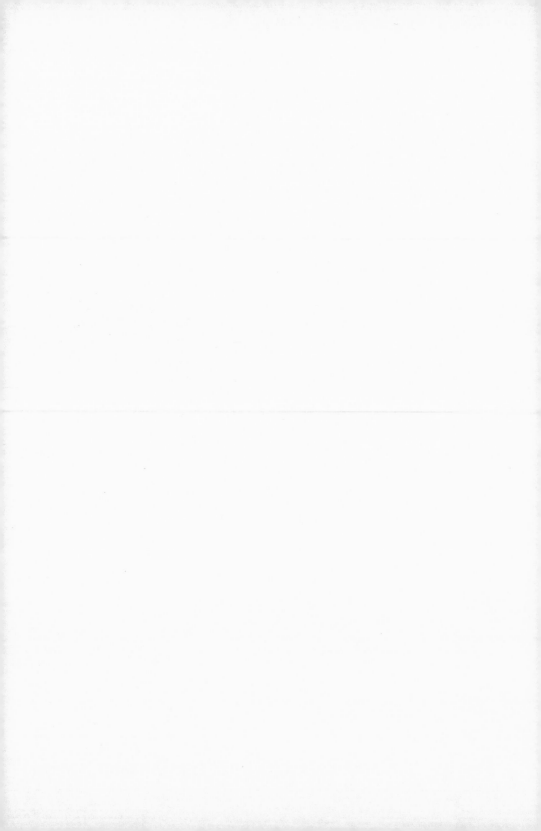

August Wilhelm Iffland

Verbrechen aus Ehrsucht

Ein Familiengemälde in fünf Aufzügen

August Wilhelm Iffland: Verbrechen aus Ehrsucht. Ein Familiengemälde in fünf Aufzügen

Erstdruck: Mannheim (Schwan), 1784 mit der Widmung: »Ihro Excellenz der Freifrau von Thalberg, gebornen von Ullner, mit dem lebhaftesten Gefühl von Verehrung für seltene Verdienste des Geistes und Herzens gewidmet von dem Verfasser.« Uraufführung 1784, Hoftheater, Wien.

Neuausgabe mit einer Biographie des Autors
Herausgegeben von Karl-Maria Guth
Berlin 2020

Der Text dieser Ausgabe folgt:
August Wilhelm Iffland: Theater. Wien: Verlag von Ignaz Klang, 1843.

Dieses Buch folgt in Rechtschreibung und Zeichensetzung obiger Textgrundlage.

Die Paginierung obiger Ausgabe wird hier als Marginalie zeilengenau mitgeführt.

Umschlaggestaltung von Thomas Schultz-Overhage unter Verwendung des Bildes: August Wilhelm Iffland, Gemälde von Johann Heinrich Schröder

Gesetzt aus der Minion Pro, 11 pt

Die Sammlung Hofenberg erscheint im
Verlag der Contumax GmbH & Co. KG, Berlin
Herstellung: BoD – Books on Demand, Norderstedt

Die Ausgaben der Sammlung Hofenberg basieren auf zuverlässigen Textgrundlagen. Die Seitenkonkordanz zu anerkannten Studienausgaben machen Hofenbergtexte auch in wissenschaftlichem Zusammenhang zitierfähig.

ISBN 978-3-7437-3705-1

Bibliografische Information der Deutschen Nationalbibliothek

Die Deutsche Nationalbibliothek verzeichnet diese Publikation in der Deutschen Nationalbibliografie; detaillierte bibliografische Daten sind im Internet über www.dnb.de abrufbar.

Personen.

Oberkommissär Ahlden.

Sekretär Ahlden, sein Sohn.

Rentmeister Ruhberg.

Madame Ruhberg, seine Frau.

Eduard Ruhberg,
Louise Ruhberg, seine Kinder.

Baron von Ritau.

Hofrath Walther.

Die Hofräthin, seine Frau.

Doktor Ewers.

Haushofmeister Lorenz.

Christian, Bedienter
Henriette, Kammermädchen, im Ruhbergischen Hause.

Ein Jude.

Ein Ladendiener.

Ein Gerichtsdiener.

Erster Aufzug.

Ein bürgerliches, nicht großes Zimmer.

Erster Auftritt.

SEKRETÄR AHLDEN *schreibt.* So! *Er legt die Feder nieder.* Damit mag es genug sein. *Er steht auf.* Ich weiß in der Sache nichts mehr zu sagen. *Sieht die Schrift durch.* Ja, das ist genug, wenn man die Wahrheit hören will, und wollte man sie nicht hören: so wäre auch das zu viel. – Gut gearbeitet – ein heit'rer Morgen – das gibt Muth! – Es bleibt dabei, heute breche ich die Bahn. Der alte Ruhberg ist ein gerader Mann – ihm sage ich geradezu, was mir am Herzen liegt. Mein Vater ist heftig, aber er ist gut: also ohne Sorgen und Aengstlichkeit gerade zur Sache!

Zweiter Auftritt.

Oberkommissär Ahlden. Sekretär Ahlden, sein Sohn.

OBERKOMMISSÄR. Guten Morgen, mein Sohn!

SEKRETÄR. Herzlichen Dank, mein lieber guter Vater.

OBERKOMMISSÄR. Ich glaube, du sprachst mit dir selber? he! – Ja, du hast mit dir selbst gesprochen. Das mußt du nicht thun.

SEKRETÄR. Es wäre – ich weiß nicht –

OBERKOMMISSÄR. Ja die Leute wissen es zuletzt nicht mehr, das ist schon so. – Es ist eine böse, böse Gewohnheit. Du weißt, ich habe es an unserer seligen Muhme nie leiden können. – Apropos – ehe ich eins in's andere rede – da bringe ich dir deine Defension zurück. – Ist dir mit Gottes Hilfe recht brav gerathen. Recht brav! – Es ist Leben darin. Keine Kniffe, kein Geschwätz – Herz und Leben! Das heißt seiner Partei dienen: dafür wird dich auch Gott segnen, mein Karl!

SEKRETÄR. Wenn Sie wüßten, wie Ihr Lob auf mich wirkt, mich bestimmt! Es gibt mir Unternehmungsgeist, Ausdauer –

8

OBERKOMMISSÄR. Hm! – Soll mir lieb sein! Aber höre – laß doch die neumodischen Wörter aus deiner Arbeit weg. Zeig' einmal her, *Suchend.* hr – brr – hm – hn – – Ja! da – Bestimmung – Drang der Verhältnisse – Leidenschaft – he! was haben die *Leidenschaften* in einer Defension zu thun?

SEKRETÄR. Die Leidenschaften aber doch so vieles mit den Menschen.

OBERKOMMISSÄR. Alle gut – alle gut – aber du weißt, die hohen Herren lassen es nicht passiren.

SEKRETÄR. Sollte nicht jeder thun was an ihm ist, daß der Mensch nach der Sache gerichtet würde, nicht nach dem todten Buchstaben?

OBERKOMMISSÄR. Nun, ich kann es nicht geradezu tadeln, daß du dir einen eigenen Stylum gewählt hast, mein Sohn. – Ihr möcht freilich Anno achtundneunzig wohl anders schreiben, als wir Anno fünfzig; weil denn aber doch noch so viele von Anno fünfzig da sind – so richte es allemal so ein, daß die es auch verstehen. – So viel davon. Warum ich eigentlich zu dir komme –

SEKRETÄR. Das wäre –

OBERKOMMISSÄR. Der Bergrath Wohlzahn reiset die kommende Woche auf das Gut. Ich habe vorläufig mit ihm gesprochen. – Es wird alles gut gehen. – Du kannst dich produziren, dann deine Sache wegen seiner Tochter anbringen.

SEKRETÄR. Aber, mein Vater – warum –

OBERKOMMISSÄR. Warum? – weil sie deine Frau werden soll. Ich muß dich versorgt sehen, ehe ich die Augen schließe. Und – Karl, Karl, ich traue nicht! Ich traue meiner Maladie nicht. Krieg' ich noch einmal so eine Attaque – so bin ich da gewesen.

SEKRETÄR. Gott behüte! wie können Sie denken, daß so eine unbed–

OBERKOMMISSÄR. Unbedeutend? Nein, nein, ich werde gewaltig stumpf! Kein Wunder; die Strapazen in den Kriegsjahren, – der Chagrin und – nun wie es Gottes Wille ist! – Aber, wenn ich von dem Malaga, den ich im Keller habe, auf deiner Hochzeit noch mittrinken soll – so mach' fort. Sonst bleibt er dir stehen bis zu meinem Begräbniß.

SEKRETÄR. Ich kann Ihrer herzlichen Güte nicht Verstellung entgegen setzen. Auch hätte ich Ihnen schon heute eine Entdeckung gemacht, wären Sie nicht durch Ihren Antrag mir zuvor gekommen. – Ich – zürnen Sie nicht, gütiger Mann –

OBERKOMMISSÄR. Nun –

9

SEKRETÄR. Ich kann die Wohlzahn nie heirathen.

OBERKOMMISSÄR. Das begreif' ich nicht. Das Mädchen ist hübsch, brav, jung, reich. Du heirathest in eine gute Familie, kriegst Freunde, Konnexionen; kannst eine Karriere machen – Konstellation ist gut. Was fehlt noch? – Warum willst du nicht? he! – Oder liebst du eine andere?

SEKRETÄR *mit bescheidener Festigkeit.* Ja, mein Vater.

OBERKOMMISSÄR. Hm! hm! *Mit unterdrücktem Mißvergnügen.* Hm, hm, das ist mir nicht lieb. *Nach einigem umhergehen nicht mehr an sich halten könnend.* Das ist dumm – recht dumm!

SEKRETÄR. Nur durch sie kann ich glücklich werden, oder niemals.

OBERKOMMISSÄR. Glücklich werden? Das ist's eben. *Heftig.* Gesehen, geliebt, und – glücklich sein, das ist bei euch eins. *Halb besänftigt.* Wer ist sie?

SEKRETÄR. Die junge Ruhberg.

OBERKOMMISSÄR *heftig.* Die Tochter vom Rentmeister?

SEKRETÄR *mit Bitte.* Die nämliche.

OBERKOMMISSÄR *nach einigem Besinnen, kalt.* Das ist nichts für dich!

SEKRETÄR. Aber warum –

OBERKOMMISSÄR *sehr fest.* Das ist nichts für dich!

SEKRETÄR. Warum wollen Sie diese herrliche Partie verwerfen, ohne mir Gründe zu sagen? denn –

OBERKOMMISSÄR. Meine Gründe? Vor der Hand sind es folgende: Es kann nicht sein – es soll nicht sein, ich will's nicht haben. Nach den andern Gründen thue der Herr Sohn in einem halben Jahre weitere Nachfrage. Ich rede nicht gerne vernünftige Dinge in den Wind. *Geht heftig umher, und braucht ohne sein Wissen viel Tabak.*

SEKRETÄR. Ich gehorche willig jedem väterlichen Befehl –

OBERKOMMISSÄR. Versteht sich.

SEKRETÄR. Aber wenn sie auf Kosten meines Glückes –

OBERKOMMISSÄR *rasch stehen bleibend.* Auf Kosten deines Glücks? – Höre, mein Sohn, wenn wir beide von dem Mädchen reden, welches deine Frau werden soll – so magst du sagen: – die, oder die Larve gefällt mir am besten. Wenn aber die Larve vorher bei dir gesprochen hat, so muß ich es besser als du wissen – welche dich glücklich machen kann. – Die Ruhberg wird meine Schwiegertochter *nicht! Will fort.*

SEKRETÄR. Lieber Vater, keinem Mädchen sind die Pflichten der Tochter so heilig als ihr: bürgt das nicht, daß sie eine treffliche Gattin sein wird?

OBERKOMMISSÄR. Höre mich an.

SEKRETÄR. Ich wünsche eine Frau, die durch Sorgfalt und Liebe Ihr Alter verjüngen kann; diese wird es, mein guter Vater!

OBERKOMMISSÄR. Das ist Bestechung. Bleib' bei der Stange; laß mich aus dem Spiel. Von *dir* ist die Rede. Das Mädchen ist brav. Aber die Konstellation ist nicht günstig.

SEKRETÄR. Warum das nicht?

OBERKOMMISSÄR. Wenn du bleibst, was du bist – bist du nicht viel – du mußt weiter. Da brauchst du Konnexionen, mußt Vermögen erheirathen, sonst plackst du dich wie ein armer Sünder, und machst keine Karriere. Ich bin von Betrügern zu Grunde gerichtet, habe kein Vermögen, kann dir nichts nachlassen, als ein schuldenfreies Haus und einen guten Namen, das weißt du. Ruhbergs sind herunter gekommen. Das Mädchen? Groß erzogen. Die Mutter? Eine Närrin. Der Bruder? Oben hinaus und nirgend an! Ein saub'res Früchtchen; ein Windbeutel; ein Bursche, der mit Avanturieurs herumschlendert; ein Spieler!

SEKRETÄR. Aber doch ein guter geschickter Mann, der, wenn er sich bessert, durch sein Genie – –

OBERKOMMISSÄR. Der Junge hat seiner Mutter weiß gemacht: – das Fräulein, das vor ein paar Jahren von Danzig hieher zog? Fräulein von –

SEKRETÄR. Kanenstein?

OBERKOMMISSÄR. Ganz recht – die wollte ihn heirathen. Weil nun die Frau von Adel ist, und der Hochmuthsteufel in sie gefahren ist, so glaubt sie es; bringt ihren bürgerlichen guten Mann um Kredit, Haus und Hof, um wieder so eine Zwittermariage zusammen zu bringen. Sie sind schon Stadtgespräch. Was kommt da heraus? Der Bettelstab! An wen werden sie sich wenden? An dich! Das sind deine Aussichten.

SEKRETÄR. Dagegen könnte ich mich sicher stellen. Auch sind auf den Fall meine Maßregeln –

OBERKOMMISSÄR *gleichsam zutraulich*. Höre, nimm Raison an; aus der Mariage darf nichts werden. Geh' du zu dem Herrn Bergrath und bring dein Gesuch wegen seiner Mamsell Tochter an.

SEKRETÄR. Ich unterdrücke die Sprache der Leidenschaft gewaltsam, aber halten Sie mich nicht für so kalt – dieser Wohlzahn gegen mich noch zu erwähnen. Ich kann nicht. Sie fordern zu viel. Es ist über meine Kräfte in diesem Fall, auf Kosten des bessern Gefühls, der Konvenienz zu fröhnen.

OBERKOMMISSÄR. So recht, bist auf gutem Wege. Wenn die Vernunft ihr Recht behaupten will, vertreibt man sie mit Deklamation.

SEKRETÄR. Verzeihen Sie meiner Heftigkeit. – Ach alles, was ich nicht *bin*, könnte der Verlust des Mädchens aus mir machen. *Ergreift* 13 *seines Vaters Hand*. Ich darf nichta ohne Einwilligung, diese väterliche Hand –

OBERKOMMISSÄR. Wozu expostulirst du meine Einwilligung, wenn du gesonnen bist, nach deinem Kopfe zu handeln? – *Mit einiger Rührung*. Je nun – der alte Vater muß sich's ja wohl gefallen lassen. Wenn du unglücklich bist – *dann* ist's ja für *den* früh genug, an der Postille die Augen zu verweinen. *Geht fort*.

SEKRETÄR *sehr rasch*. Und ich gab ihr mein Wort!

OBERKOMMISSÄR *bleibt oben stehen*. Was?

SEKRETÄR. Meinetwegen hat sie Aussichten entsagt, Partien abgewiesen. Ich gab ihr mein Wort als ein ehrliche Mann.

OBERKOMMISSÄR *etwas näher kommend*. Ist das wahr?

SEKRETÄR. O Gott! mit den heiligsten Schwüren, die –

OBERKOMMISSÄR. Hast du mit kalter Ueberlegung dein Wort gegeben, ihr Mann zu werden?

SEKRETÄR. Allerdings.

OBERKOMMISSÄR. Hm, hm, das ist etwas anders: *Zu ihm kommend*. so mußt du sie heirathen.

SEKRETÄR. O lassen Sie den Ausbruch –

OBERKOMMISSÄR. – Ob es mir gleich durch alle Glieder fährt, – *daß es so sein muß*.

SEKRETÄR. Wie soll ich Ihnen danken? Worte vermögen nicht das Uebermaß meines Gefühls auszudrücken. Können Sie nicht in meinem Herzen lesen, so –

OBERKOMMISSÄR. Ja, ja. Gott gebe Glück und Segen! – Glück und Segen! – Aber ich wollte – Nu, nu – es wird ja schon werden. 14

SEKRETÄR. O wie oft, mein Vater – wie oft werden Sie noch den Augenblick dieser Einwilligung segnen.

OBERKOMMISSÄR. Es mag sein. Aber nimm mir es nicht übel – freuen kann ich mich nicht so recht. Ich hatte so *diese* und *jene* Aussichten. Die sind nun – – Ja es ist bald Zeit – Versäume die Kanzlei nicht. Apropos – ich habe ohnehin heute Kassenabnahme bei dem alten Herrn Ruhberg, dann will ich von der Sache reden. Ich werde dir spät nachkommen – ich werfe mich ein wenig wieder auf das Bett, – denn die neue Mariage ist mir in alle Glieder gefahren. *Ab.*

Dritter Auftritt.

SEKRETÄR *allein.* Fürwahr, das ist früher gewonnen, als ich dachte! – Glück und Liebe, seid mir bei Ruhberg's günstig, so lebe ich heute den schönsten Tag meines Lebens. *Ab.*

Vierter Auftritt.

Prächtiges Zimmer im Ruhberg'schen Hause.
Ruhberg Vater, hernach Christian.

RUHBERG VATER *hat etliche Mal geschellt, hierauf kommt endlich Christian.* Christian, Ihr vernachlässiget Euern Dienst.
CHRISTIAN. Ich bitte um Verzeihung. Madame hatte mich verschickt.
RUHBERG VATER. Ist mein Sohn zu Hause?
CHRISTIAN. Noch nicht.
RUHBERG VATER. Noch nicht? – Sage Er dem Schreiber, wenn die Papiere in Ordnung wären, solle er mir sie schicken.
CHRISTIAN. Sehr wohl.
RUHBERG VATER. Dem Koch und dem übrigen Gesinde bedeute Er, daß sie zu Hause bleiben.
CHRISTIAN. Wie Sie befehlen. *Ab.*

Fünfter Auftritt.

Ruhberg Vater allein, hernach Christian.

RUHBERG VATER. Noch nicht zu Hause? – Alles in diesem Hause hat den Blick verschlossener Leiden, alles scheint so verstört! – Hm, wahr – Es scheint wohl nur so. – Mir – weil ich es *bin*. Ach es ist ein trauriger Anblick, ein wohlhabendes Haus so tief gesunken zu sehen. Meine Schuld: warum ließ ich es bis dahin kommen. – Ich war ein schwacher Mann, ein weichlicher Vater! Verloren ist alles, aber dem Gespött kann ich vielleicht noch entgehen – Gut dann, heute will ich handeln. – Nichts soll mich hindern, unerschütterlich fest zu bleiben. Nicht die Schwachheit einer liebenswürdigen Frau – *Sanft.* – nicht meine eigene Schwachheit für diese liebenswürdige Frau. *Christian bringt die Papiere.* Geht nur. – So – da liegt meine Rechtfertigung. Freilich eben so sehr meine Anklage.

Sechster Auftritt.

Vorige. Sekretär Ahlden.

CHRISTIAN. Der Herr Sekretär Ahlden – befehlen Sie? –   16
RUHBERG VATER. Ohne Verzug. Nur daher.

Christian ab.

SEKRETÄR. Werden Sie die Nachsicht haben, einen so frühen Morgenbesuch zu verzeihen.
RUHBERG VATER. Ich sehe Sie recht gern bei mir, Herr Sekretär.
SEKRETÄR. Das Ehrenvolle dieser Versicherung werde ich stets lebhaft empfinden. In diesem Augenblick war das Wort, das Sie gesprochen haben, so gar wohlthätig.
RUHBERG VATER. Setzen Sie sich, guter Ahlden. *Sie setzen sich.* Was bringt Sie zu mir?
SEKRETÄR. Kein gewöhnliches Geschäft.
RUHBERG VATER. Das scheint wohl so.

SEKRETÄR. Wie soll ich anfangen –

RUHBERG VATER. Geradezu. Ohne Eingang. Das bedarf es unter uns nicht.

SEKRETÄR. Wenn man eine ungünstige Antwort fürchtet, möchte man gern allen Einwendungen begegnet sein, ehe man den Antrag selbst gewagt hat.

RUHBERG VATER. Ich werde eine große Verlegenheit an Ihnen gewahr.

SEKRETÄR. O ja –

RUHBERG VATER. Nun, das muß unter guten Menschen nicht sein. Es mag sein, was es wolle – so hat Sie ja wohl, meine ich, ein gewisses Vertrauen in mich zu mir geleitet. Warum soll das verloren gehen, da wir nun einander gegenüber sind?

SEKRETÄR. Nein! Ich will hoffen! Sie werden mich nicht verwerfen.

RUHBERG VATER. Verwerfen?

SEKRETÄR. Mit vollem Herzen bin ich gekommen – nun fehlen mir Worte. Ihr väterlicher Ton gibt mir Vertrauen – aber wenn ich nun reden will – so scheint mein Wunsch mir eine Vermessenheit. – Ach, ich werde ihn schlecht vortragen – sein Sie so gütig, ihn zu errathen. Nicht wahr, Sie sehen es mir an, daß Bescheidenheit mir für die Liebe keine Beredsamkeit verstattet?

RUHBERG VATER. Junger Mann –

SEKRETÄR. – Lassen Sie mich alles in einem Worte aussprechen. – Sie heißt – Louise!

RUHBERG VATER. Meine Tochter?

SEKRETÄR. Darf ich sagen – mein Vater? *Ergreift seine Hand.*

RUHBERG VATER *steht auf.* Ei, mein Gott!

SEKRETÄR *betrübt.* Sie sind erschrocken?

RUHBERG VATER. Ueberrascht – sehr überrascht!

SEKRETÄR. Also nicht dagegen? Dagegen doch nicht?

RUHBERG VATER *unentschlossen.* Nein.

SEKRETÄR *küßt seine Hand.* Gott segne Sie für dieses köstliche Nein!

RUHBERG VATER. Junger Mann, nicht so rasch, nicht so rasch. – *Er setzt sich.* Setzen Sie sich.

SEKRETÄR. Erlauben Sie, daß ich neben Ihnen stehe, zwischen Dank, Hoffnung, Thränen und Entzücken, wie könnte ich ruhen?

RUHBERG VATER. Vergönnen Sie mir einen Augenblick Ueberlegung! *Eine kleine Pause.* Ich bitte, setzen Sie sich. *Er reicht ihm die Hand.*

SEKRETÄR *herzlich.* Ja – oder Nein!

RUHBERG VATER. Die Sache ist ernst – nicht zu rasch! 18

SEKRETÄR *setzt sich.*

Pause.

RUHBERG VATER. Sie lieben meine Tochter, Sie lieben sie sehr, das freut mich; sie verdient es, daß ein so wackerer Mann sie liebt.

SEKRETÄR. Großer Gott, wie erheben Sie mich!

RUHBERG VATER. Sie haben mich vorhin gefragt, ob ich gegen diese Verbindung sei – ich sagte in der Ueberraschung – nein.

SEKRETÄR. Nur in der Ueberraschung?

RUHBERG VATER. Jetzt sage ich mit mehr Bedacht – mit allem Bedacht, dessen ich fähig bin – nein, ich bin nicht dagegen! Sie haben dieses Nein ein *köstliches* Nein genannt? *Theuer* wird es Ihnen; davon lassen Sie uns als ehrliche Männer ein Wort reden, ehe wir uns einer Herzlichkeit überlassen, die uns beide hernach bekümmern möchte.

SEKRETÄR. Reden Sie, gütiger Mann.

RUHBERG VATER. Gleich. – Was ich Ihnen sagen muß, fällt mir freilich etwas schwer. – Aber was es mich auch kostet, ich will ohne Rückhalt sein; das versprechen Sie mir auch.

SEKRETÄR. Ich verspreche es.

RUHBERG VATER. Es könnte wohl sein, daß, nachdem ich gesprochen habe, Sie zu mir nein sagen müßten; das soll und darf mich nicht befremden. Müssen Sie es, – so haben Sie den Muth es zu wollen; ich werde dann auch sagen, das war ein ehrliches, und also wahrhaftig ein köstliches Nein!

SEKRETÄR. Was lassen Sie mich erwarten?

RUHBERG VATER. Damit wir uns aber in dieser Sache beide eine Verlegenheit ersparen – so umarmen Sie mich, wenn Sie Nein sagen
müssen und gehen Sie schnell fort. Wenn wir uns hernach wieder 19
begegnen, grüßen sich zwei Leute, die es beide mit einander gut gemeint haben.

SEKRETÄR. Es sei so. Aber nun vollenden Sie!

RUHBERG VATER. Sie sind ein junger Mann, dem es seine Lage zur Pflicht macht, dem Glücke einen Schritt entgegen zu thun.

SEKRETÄR. Thue ich nicht jetzt dem wahren Glücke einen vielleicht nur zu kühnen Schritt entgegen?

RUHBERG VATER. Ihr Verdienst muß Ihnen ein Vermögen verschaffen. Mein Haus ist nicht mehr, was es ehedem war – meine Tochter ist ohne Mitgabe. Das vertraue ich Ihnen an; und nun räth Ihnen meine Erfahrung, meine Theilnahme: – ziehen Sie Ihr Wort zurück – umarmen Sie einen Mann, der an Ihrem Glücke redlichen Antheil nimmt – sagen Sie: *nein!* und Gott sei mit Ihnen.

SEKRETÄR. Ihr Verlangen hat eine Umarmung in diesem Augenblicke zweideutig gemacht, und doch möchte ich den redlichsten Mann an mein Herz drücken. Nur ein Wort dann: – daß meine Louise ohne Mitgift ist, habe ich gewußt, ehe ich gekommen bin!

RUHBERG VATER. Das haben Sie gewußt?

SEKRETÄR. Von Louisen selbst.

RUHBERG VATER. Das freut mich. So habe ich nichts mehr zu sagen. – Sie beharren? – So kommen Sie, daß ich Sie an mein Herz drücke.

SEKRETÄR *umarmt ihn herzlich.*

20   RUHBERG VATER. Gott segne Sie, mein geliebter Sohn!

Siebenter Auftritt.

Vorige. Louise.

RUHBERG VATER. Da kommt meine Tochter –

SEKRETÄR. O meine Louise! Wir sind –

RUHBERG VATER. Ein Wort! Eine Frage sei dem Vater vorher vergönnt! Meine Tochter – du bist die Ursache dieses Besuchs. Ihr kennt euch –

LOUISE. Wir lieben uns. Sie waren eine Zeit her so niedergeschlagen, guter Vater, daß ich von meiner Angelegenheit mit Ihnen zu sprechen nicht gewagt habe.

RUHBERG VATER. Ich billige deine Neigung!

LOUISE. Bester, gütigster Vater! Sie haben immer das Glück Ihrer Kinder gemacht!

RUHBERG VATER. Machen *wollen,* mein Kind, machen *wollen!* Damit ich nun wenigstens in dieser wichtigen Sache so sorgsam, als ich es vermag, handeln möge: so frage ich dich – kennt ihr euch auch recht?

LOUISE. Lieber Ahlden, antworten Sie.

SEKRETÄR. Ihren Segen!

RUHBERG VATER. Ueberlegt es wohl! Ich frage nicht, ob ihr euch *gefallt,* sondern, ob ihr euch kennt. Daß man die Jugendjahre mit Vergnügen zubringt, in der Folge sich erträgt – nun – das hat man wohl. Ich bin ängstlich um dein Heil; um so zaghafter, da ich es mit Glücksgütern nicht bewähren kann: – und so frage ich euch, glaubt ihr, *bis zuletzt* zu eurer Glückseligkeit euch genug sein zu können?

SEKRETÄR. Ja! Meine Liebe ist auf Achtung gegründet!

LOUISE. Schwächen – wird der Freund der besten Freundin nachsehen. Die Freundin wird den Launen des Freundes begegnen.

RUHBERG VATER. Nun dann! *Er nimmt die Hand des Sekretärs.* Nach Geschäften und Sorgen – lebe bei ihr mit der guten Laune des Freundes! Achte die Seele, wenn auch das frische Roth der Wangen verblüht ist – sei Herr – aber nicht Quäler! *Er nimmt ihre Hand.* Nach seinen Geschäften und Sorgen finde er bei dir Frohsinn und Leben. Verliebter Verdruß in der Bewerbungszeit ist eine Grazie; der Mißmuth der Frau ist für den Mann das Skelet dieser Grazie! *Er hebt beider Hände empor.* Wollt ihr beide immerdar an das denken, was ich euch beiden jetzt gesagt habe?

BEIDE. Ja!

RUHBERG VATER *legt ihre Hände zusammen.* Gott segne euch! *Er umarmt sie.* Der Mutter Segen will ich euch erbeten. Nun geht – genießt dieses schönen Augenblickes und wechselt die Gelübde der zärtlichsten Liebe!

BEIDE *indem sie ihn umarmen.* Mein Vater!

RUHBERG VATER. Umarmt euch, daß ich es sehe!

Sie umarmen sich.

RUHBERG VATER. Dies Bild gibt mir Kraft – Wenn Unmuth mich anwandelt – denke ich meine gute Tochter in den Armen eines wackern Mannes, fühle mich getröstet, da ich weiß, wer ihr einst den treuen Vater ersetzen wird. Geht mit Gott – alte Leute mögen solche starke Gefühle gern eine Weile für sich allein haben. *Der Sekretär und Louise gehen Arm in Arm weg.* Geht, lieben Kinder! *Nachdem er ihnen eine Weile nachgesehen.* Sie sind weg? – So! Nun kann der schwache, strafbare Vater, der an der Tochter Ehrentage mit leerer Hand segnen muß – weinen über seine Thorheit. Freudenthränen sind mir nicht erlaubt. *Er setzt sich und bedeckt das Gesicht.*

Meine arme, arme Tochter!

Achter Auftritt.

Madame Ruhberg. Ruhberg Vater.

MADAME RUHBERG. Sie sind doch wohl?

RUHBERG VATER *steht auf.* O ja.

MADAME RUHBERG. Sie vermeiden es mich anzusehen.

RUHBERG VATER. Nicht doch. *Sieht sie freundlich an.*

MADAME RUHBERG. Sie haben geweint –

RUHBERG VATER *fast.* Die Zeit des Lächelns ist vorüber!

MADAME RUHBERG. Seit einiger Zeit sind Sie besonders unruhig und schwermütig; das bekümmert mich!

RUHBERG VATER. Das weiß ich. Ich danke Ihnen dafür. Auf der Bekümmerniß, welche Ihre Liebe mir widmet, beruhet alle meine Hoffnung!

MADAME RUHBERG. Gott mache mich so glücklich, daß die Erfüllung einer Hoffnung, welche Sie beseelt, bei mir stehen kann!

RUHBERG VATER. Ja, Madame, meiner Hoffnungen Erfüllung steht ganz bei Ihnen! Nun bitte ich um Ihre ganze Aufmerksamkeit für das, was ich Ihnen zu sagen habe. Sie haben bei unserer Verheirathung mir ein ansehnliches Vermögen zugebracht.

MADAME RUHBERG. Ach!

RUHBERG VATER. So wie ich sahe, daß der Hang zum großen Leben bei Ihnen sich nicht verlor, so habe ich dies Vermögen genau nur für Ihre Bedürfnisse und Plane verwendet. Sie haben bis jetzt Ihrer Geburt gemäß gelebt. – So lange ich Ihnen dabei sparen konnte – that ich es redlich – aber es war vergebens. Ich habe die pünktlichste Rechnung über Ihr Vermögen geführt. – Liebe Frau, dies Vermögen?

es ist ganz dahin!

MADAME RUHBERG. Dahin?

RUHBERG VATER. Hier *Er gibt ihr die Rechnungen.* ist die Rechtfertigung meiner Verwaltung. Die Belege wird man Ihnen diesen Nachmittag übergeben.

MADAME RUHBERG *Pause.* Sie kränken mich empfindlich! – Mir Rechnung abzulegen? *Sie mir? Edel.* Wenn ich unglücklich bin, verdiene ich auch noch Spott?

RUHBERG VATER. Sie verkennen mich. *Beweisen* mußte ich Ihnen, daß ich Ihr Herz suchte, nicht Ihr Vermögen, nicht die Pracht Ihres Ranges; daß in *meinen* Nutzen nichts davon verwendet worden, selbst nicht einmal für die anständige Erziehung meiner Kinder. – Nun bleibt uns nichts, meine Liebe, als mein Gehalt. Sie sehen, es ist unmöglich, ferner ein Haus zu machen. Die nöthigen Einschränkungen sehen Sie selbst. – Es wird Sie nicht kränken, wenn ich Ihnen sage, daß Sie von *meiner* Seite gemacht sind.

MADAME RUHBERG. Schon gemacht? – Schon? – Freilich wohl – es muß sein! – Aber es ist hart!

RUHBERG VATER. Nur wenige kehren von Irrthümern mit guter Art zurück! und von der *Art* Ihrer Rückkehr hängt meine Ruhe, mein Leben ab. Was Louisen betrifft, so hat sich eine anständige Partie gefunden. Der junge Ahlden. – Was sagen Sie dazu?

MADAME RUHBERG. Hm –

RUHBERG VATER. Wie?

MADAME RUHBERG. Es ist eine kleine Partie.

RUHBERG VATER. Sie sind also nicht dafür?

MADAME RUHBERG. Stand, Erziehung und unsere Verbindungen, berechtigen Louisen auf ein glänzendes Glück noch Rechnung zu machen.

RUHBERG VATER *Ausdruck einiges Unwillens.*

MADAME RUHBERG. Geschweige, daß ein solches Wegwerfen – schlechterdings den Aussichten ihres Bruders im Wege wäre.

RUHBERG VATER. Ihr Bruder muß thörichten Träumen entsagen, ein bürgerliches stilles Leben anfangen, und nach unsern jetzigen Glücksumständen sich genau richten. Entweder fordert er *heut* von dem Fräulein Erklärung, oder er hört auf, dieses Haus zu besuchen, und mit der Schimäre der projektirten Heirath sein Glück zu verscherzen.

MADAME RUHBERG. Wie? Im *Begriff,* das glänzendste Glück zu machen – soll er ihm entsagen? Wollen Sie mich öffentlich dem Hohngelächter aussetzen. – Die Närrin! Sie hat ihre Plane nicht ausführen können, nun muß sie doch zu uns herunter. – So würde es heißen. Selbst die Summen, welche verwendet worden sind, erfordern, daß wir diesen Plan durchsetzen. – Ich willige in alles – gehe jede Einschränkung ein. Ich versage mir alles – alles! – Nur bis Morgen lassen Sie mich gewähren. Ist dann nicht zu Ihrer Zufriedenheit gehandelt, so unterwerfe ich mich gerne Ihren Anordnungen.

RUHBERG VATER. Es sei so. Aber nicht länger, denn –

MADAME RUHBERG. O wenn *dies* nicht noch gewonnen würde, so wäre alles verloren!

RUHBERG VATER. Wir *werden* dies verlieren.

MADAME RUHBERG. Mein Gott! –

RUHBERG VATER. Und es wird mir lieb sein, daß es verloren ist.

MADAME RUHBERG. Lieb? Wenn Ihr Sohn ein Glück verliert – das –

RUHBERG VATER. Ich werde Gott mit Vaterfreude danken, daß ein guter, fähiger Jüngling aus der Gesellschaft spielender Müßiggänger in das Leben des thätigen Bürgers zurück geführt wird, wozu er bestimmt war.

MADAME RUHBERG. Sie sind blind gegen die Verdienste dieser Leute eingenommen – Sie –

RUHBERG VATER. Verdienste? – Es sind Spieler von Profession.

MADAME RUHBERG. Aber das Fräulein –

RUHBERG VATER. Kam mit Reichthümern von Danzig hieher; und wenn sie – Lassen Sie uns abbrechen –

MADAME RUHBERG. Aber –

RUHBERG VATER. Ich bitte – ich fühle, daß ich nicht gelassen bleiben würde.

MADAME RUHBERG. Sie wollen Sich nicht überzeugen, daß eben diese Leute das Glück Ihres Lieblings machen werden, daß das Fräulein –

RUHBERG VATER. Sich die Anbetung eines schönen, bedeutenden jungen Mannes gefallen läßt, ihm verstattet, die Gesellschaft angenehm zu unterhalten – und ihn nun, nachdem er für dies Gnade sein Haus ruinirt hat, trocken, fade, – bürgerlich finden, – und fortschicken wird.

MADAME RUHBERG. Wie hart beurtheilen Sie Leute, welche mit der feinsten Welt –

RUHBERG VATER. Weniger Welt und mehr Ehrlichkeit wäre besser!

MADAME RUHBERG. Sie werden *bitter*.

RUHBERG VATER. Madame – ich habe diese feinen Leute, diese Leute von *Welt* kennen lernen. *Ich* sahe kalt – während Sie im

Rausche der großen Welt fortwallten. Ich sah – und zitterte für meinen Sohn.

MADAME RUHBERG. Sein Herz bürgt mir für alles.

RUHBERG VATER. Sein Herz – vollendet sein Unglück! Zu heftig, um den Augenblick zu nützen, zu gut, um Tücke zu argwöhnen, gekränkt, betrogen, verachtet – und *seiner* doch bewußt – wird ihn sein Elend zum Weisen machen oder zum Bösewicht!

MADAME RUHBERG. Allein er ist doch gleichwohl jetzt in einer Gesellschaft von Menschen – –

RUHBERG VATER. Die freundliches Gesicht für jedermann, redliches Herz für niemand haben. Sie werden ihn lehren, die letzte widerstrebende Faser gutes Herzens durch arglistige Intrigue verschleifen. In dem Gräuel von Kabalen, schwarzer Verläumdung, falscher Devotion, Spiel und Wohlleben werden sie ihn, einfach häusliche Freuden, die Bande der Verwandtschaft, die heilige Treue von Sohn gegen Vater, von Mutter gegen Tochter, als Ueberbleibsel deutscher Pedanterie verachten lehren. – Verzeihen Sie – ich wollte nicht heftig sein – Aber diese Menschen machen mir Galle.

MADAME RUHBERG *weint*.

RUHBERG VATER. Sagen Sie Eduard, daß er heute auf einer bestimmten Erklärung des Fräuleins beharre. Ist es denn – nun so will ich mich in das Glück zu finden suchen. Ist es nicht? – so bin ich der glücklichste Vater.

MADAME RUHBERG. Verlassen Sie sich darauf – es wird alles gut gehen.

RUHBERG VATER. Nun – daß wir unsere gute Louise nicht vergessen.

MADAME RUHBERG. O gewiß nicht – das gute, liebe Mädchen – Sie sind es doch überzeugt, wie sehr sie mir am Herzen liegt.

RUHBERG VATER. Sie sind eine gute Mutter – aber ich war ein schwacher Mann. Weniger Vorwurf trifft Sie. – Und so mögen wichtige Veränderungen den Tag bezeichnen; er sei deswegen nicht trübe. Ausführung besserer Ueberzeugung muß Heiterkeit geben. Also lassen Sie uns aus dieser feierlichen Stimmung in ruhiges Gespräch übergehen. Wir wollen nicht allein sein. Ich feierte heut so gern einen fröhlichen Abend. Der alte Ahlden hat ohnehin Kassenabnahme bei mir. – Louise liebt ernstlich: was meinen Sie? warum wollten wir ihr Glück verzögern?

MADAME RUHBERG. Aber warum auch die beiden wichtigsten Familienangelegenheiten so übereilen?

RUHBERG VATER. Wollen wir etwas verschieben, das nach aller Prüfung *gut* ist?

MADAME RUHBERG. Haben Sie es auch überlegt, daß diese Heirath mit einem alten rauhen stolzen Manne uns in Verwandtschaft bringt, mit einem Manne, mit dem niemand auskommt!

RUHBERG VATER. Wenn unsere Tochter nur *glücklich* wird. Lassen wir dem alten Mann seine Sitte – gehen ihm aus dem Wege – oder begegnen ihm – so gut wir können. Nun?

MADAME RUHBERG. Er ist ein braver junger Mann. Louise liebt ihn – wie Sie sagen – ja denn! Got segne Ihren Willen.

RUHBERG VATER. Ich freue nich Ihrer Einwilligung. Ich hoffe, wir sind der Glückseligkeit sehr nahe, welche Sie so lange vergeblich suchten. Reden Sie ernstlich mit Eduard. Mißtrauen Sie Ihrem Hang nach Größe; handeln Sie als Mutter. – Trauen Sie meiner Prophezeiung; Louisens stille, bürgerliche Haushaltung wird es sein, wo Sie Freuden des einfachen Lebens kennen lernen werden – welche die große Welt nicht gewähren kann. *Ab.*

Neunter Auftritt.

MADAME RUHBERG *allein.* Allem entsagen! – unglücklich – gedemüthigt sein, und eine innere Stimme, die laut uns zuruft: »Wir haben es verschuldet!« – Das ist hart, – sehr hart! Unglückliche Mutter! Diese Louise, die – kann ich mir es verhehlen? – ich vernachlässigt habe, beschämt mich bis zur Demuth! – Die stillen Leiden meines Mannes – der Schmerz – vielleicht noch die Vorwürfe meines Sohnes – schreckliche Zukunft!

O Gott! laß meine Thorheit mich hart büßen – nur erhalte mir das Herz meiner Kinder; dann will ich leiden, aber nicht klagen. *Sie geht ab.*

Zweiter Aufzug.

Erster Auftritt.

CHRISTIAN *allein.* Aufräumen? *Er geht nach einer Kammerthür zu.* Räume auch einer auf, wo nichts ist! *Er zieht eine Schublade unter dem Schreibtisch auf.* Alles weg! alles versetzt und verkauft! – Wenn mein alter Herr das wüßte! – zu Hause Elend auf Elend – um bei dem Fräulein den großen Herrn zu spielen.

Zweiter Auftritt

Voriger. Salomon.

SALOMON. Guten Morgen, Herr Christian.

CHRISTIAN. Deinen Ausgang wolle Gott –

SALOMON *nach einigem Umhersehen und Suchen, einer kleinen Pause.* Es ist recht kühlig haint morge.

CHRISTIAN. Ja.

SALOMON. Der junge Herr nit zu Hauß?

CHRISTIAN. Und wenn er's wäre? Für dich, so gut als wenn er's nicht wäre.

SALOMON. Gottes Wunder! was der daher macht – Der junge Herr ist ä Freund zu mir, ä rechter Freund. Erst neulich hab' ich ihn gekleidet – in Londner Raach. Dunkel – schwarz – nobel – uh proper. Ich halt Stück af ihn. Geht der junge Herr nit proper? Uh! wär ä Schand, als es hieß, er hat zu thun mit Schloome und iß nit proper! Apropos – ist der Dalles noch Großhafmester be ach!

CHRISTIAN. Pack dich fort. Wirst heut doch nicht bezahlt. Ist nichts da.

SALOMON. Was ist deß? Ich hab ä Wächßel, ist doch jo haint fällig. Als er nit kann zahle? Er muß schaffe ä Burge.

CHRISTIAN. Schrei nicht Kerl, du fliegst die Treppe hinunter.

SALOMON. Gottes Wunder, der Herr Christian!

CHRISTIAN. Ja Kerl, wie du mich da siehst, breche ich dir Arm und Bein entzwei, du Dieb!

SALOMON. Auh wei! Ich bezahle mein Schutzgeld! Macht Euch nit Ungelegenheit.

CHRISTIAN. Wer hat dich gerufen, Gaudieb, als du dem armen Herrn die Kleider aufgehangen hast? He? Weiß ich's etwa nicht, daß du bei Blumenbergs erzählt, wie viel du ihn geschächt hast.

SALOMON. Was kömmt Euch der Brustlappe zu stehen.

CHRISTIAN. Du Gräuel.

SALOMON. Tausig! Ist mit Mokat gefüttert. Na hör' Er – des Lob geb' ich Ihm – Er weß sich zu klade! Sein Herr ach. Es ist ä Herr, wie a Kaflir. – Mein – wie steht's um die Braut?

CHRISTIAN. Gut.

SALOMON. Er hat noch zu bekomme das Jawort? – ich bin von saine Freund – Ich will Ihm sage in's gehaim. Als nit bald wird Herr Baron? Er wird gesperrt in einen Thurm von de Schuldleut.

CHRISTIAN *macht Miene, ihn hinaus zu werfen.* Gehörst du auch zu den Freunden?

SALOMON *reißt die Weste auf.* Mein Blut lasse ich für ihn – stech' her in mein Herz – aber sie kreusche mortialisch – sie wolle klage.

CHRISTIAN. Pack dich fort, ehe der alte Herr dich sieht. Wenn mein Herr Geld bekommt, will ich dich rufen.

SALOMON. Jo? Ich schätz, ich werd' komme, eh' du mich rufst. *Geht ab.*

CHRISTIAN. So dauert es den ganzen Morgen, wo will das hinaus!

Dritter Auftritt.

Voriger. Ein Ladendiener.

LADENDIENER. Guten Morgen! Sein Herr nicht zu Hause?

CHRISTIAN. Nein, mein Herr.

LADENDIENER. Hier ist der Konto aus der Reichmann'schen Handlung. Wir werden den reichen Linon nicht liefern, bis die Rechnung bezahlt ist. Sage Er das seinem Herrn nur geradezu. *Geht ab.*

CHRISTIAN. Nun da liegt Numero 33. – Das Ding geht nimmer gut. Der alte Herr mag auch was gemerkt haben.

Vierter Auftritt.

Henriette. Vorige.

HENRIETTE. Madame läßt fragen, ob der junge Herr noch nicht zurück sei?

CHRISTIAN. Sie sieht ja trübe aus – was fehlt Ihr?

HENRIETTE. Ach – aufgesagt hat mir Madame.

CHRISTIAN. Wie –

HENRIETTE. Ja mir und dem Garderobemädchen. Ich weiß nicht, was vorgeht, aber der Herr hat auch die Pferde verkauft, den Kutscher abgeschafft, die beiden Bedienten und den Koch.

CHRISTIAN. Was Sie sagt?

HENRIETTE. Ach eine Herrschaft kriege ich wohl, aber so eine nicht wieder. Die Madame weinte. Der Herr hatte rothe Augen. – Sag' Er mir nur, was vorgeht. *Man hört zweimal innerhalb klingeln.* Ich will wieder kommen. Nicht wahr, Er weiß es? *Sie geht ab.*

CHRISTIAN. Ich traue dem Handel nicht. Wenn das Ding losbricht – Er ist heftig – wird ihm das Ding zu viel – ist er im Stande und schießt sich vor den Kopf. Ja, ja, ich fordere meinen Abschied. Gehe es dann, wie es Gottes Wille ist – so sehe ich doch das Elend nicht mit an – Nun, wer kommt denn da? – wird wieder einer sein, der nichts bringt! – Nun der lärmt ja verdammt. – Ich glaube – wahrhaftig, das ist er selbst.

Fünfter Auftritt.

Voriger. Ruhberg der Sohn, reich und mit Geschmak gekleidet, aber
so viel möglich mit allen Zeichen durchwachter Nacht. Tritt
unmuthig herein, und wirft sich in einen Sessel.

RUHBERG DER SOHN. Nur einen Augenblick allein – daß ich zu Athem komme – daß ich nachdenke, wie ich dem drohenden Ungewitter entrinne – Was bin ich? Wo soll das hinaus? *Aufspringend.* Pah? Reflexion reißt mich nicht heraus. Meine Ehre ist verpfändet. Christian!

CHRISTIAN. Was befehlen Sie?

RUHBERG DER SOHN *ohne auf ihn gehört zu haben.* Alles fort – Alles! meine Mutter – meine *gute* Mutter – und wenn ich an dich denke Vater! Während du einem kümmerlichen Alter entgegen siehest, und schlaflose Nächte durchweinst, bramarbasirt dein Sohn in Spielgesellschaften, wird verlacht! – Verlacht? Verlacht? Nein, beim Teufel, das soll er nicht werden! – Muth und Fassung! – Noch ist keine Aussicht erschlossen. Christian!

CHRISTIAN. Was befehlen Sie?

33 RUHBERG DER SOHN. Zu Aaron Moses. Er soll hinkommen, mich beim Fräulein heraus rufen lassen. Er soll Geld mitbringen. Indeß die beiden Uhren zu Salomon – zwanzig Louisd'or – gleich – den Augenblick lauf! was stehst du?

CHRISTIAN *mit bescheidener Bedenklichkeit.* O mein Herr –

RUHBERG DER SOHN *wild.* Eile Kerl, ich muß gleich wieder fort. Doch – höre – Komm her!

CHRISTIAN. Mein Herr!

RUHBERG DER SOHN. Hat mein Vater nach mir gefragt?

CHRISTIAN. Ja, mein Herr!

RUHBERG DER SOHN. Um welche Zeit?

CHRISTIAN. Halb fünf Uhr, und dann um sieben Uhr noch einmal – die Frau Mutter aber seit sieben Uhr fast alle Viertelstunden.

RUHBERG DER SOHN *geht nachdenkend auf und nieder.*

CHRISTIAN *nach einer kleinen Pause.* Befehlen Sie noch etwas?

RUHBERG DER SOHN *fast weich.* Nein. Geh' nur. *Christian ab.*

Sechster Auftritt.

RUHBERG SOHN *allein.* Viel Unglück – viel Unglück! und wenn die nächste Stunde nicht glücklich ist? Die Unmöglichkeit, morgen *der* zu scheinen, der ich jetzt, – auch nur scheine. – Das rasende va Banque – meine Ehre verpfändet, und keine Aussicht sie retten zu können – ganz und gar keine! – Muth! Muth! Mein Unglück ist nur Unglück, wenn ich den Muth verliere. Zu dem – wenn es zu enge wird, in der dichten Umzäunung, worin engbrüstige Konvenienz-Menschen ihr Leben wegkränkeln – wer zum Wachsen und Gedeihen

34 das weite große Feld braucht – der ist ein Dummkopf, wenn sein

Plan nicht Schwierigkeiten umfaßt, ein zaghafter Knabe, wenn er davor steht und sie anstaunt; zu viel Vorsicht ist weibische Furcht – und so mit weiter – dem glänzenden Ziele zu, wo ich alle glücklich machen kann – Vater und Mutter – Vater und Mutter und Schwester.

Siebenter Auftritt.

Voriger. Louise. In der Folge Christian.

LOUISE. Guten Morgen, Eduard.

RUHBERG DER SOHN. Guten Morgen, meine Liebe.

LOUISE. Du bist wieder diese Nacht nicht zu Hause gekommen?

RUHBERG DER SOHN *leichthin.* Sehr gegen meinen Vorsatz. In der That.

LOUISE *gütig.* Du bist ein arger Schwärmer.

RUHBERG DER SOHN. Angenehme Gesellschaft, ein interessantes Gespräch, und dazu das Nachtaufbleiben meine Schooßsünde – da thut man denn manchmal, was man den andern Tag bei sich selbst nicht verantworten kann.

LOUISE. Du hast doch nicht Verdruß gehabt?

RUHBERG DER SOHN. Wie kommst du auf die Frage?

LOUISE. Lieber Eduard – wie eine Schwester, die ihren Bruder herzlich liebt, auf die Frage kommt, wenn sie alle seine Züge entstellt findet.

RUHBERG DER SOHN. Gewöhnliche Folge der Nachtwache. –

LOUISE. Schone doch der väterlichen Sorgen, der mütterlichen Angst.

RUHBERG DER SOHN *etwas getroffen.* Louise!

LOUISE. Denk, wie sie die Nächte mit Schrecken auffahren, um dich und dein Schicksal weinen, während du in der großen Welt, ohne Freund, ohne Rath umherirrst! dein Herz, – unsern Stolz, hat die große Welt uns geraubt; wenn sie gar dich noch mit falscher Hoffnung tröge?

RUHBERG DER SOHN. Unmöglich, ich weiß –

LOUISE. Kann der Unterschied des Standes dir jemals eine Verbindung mit der Kanenstein gewähren –

RUHBERG DER SOHN. Sie liebt mich. Davon bin ich überzeugt.

LOUISE. Ueberzeugt?

RUHBERG DER SOHN. Ueberzeugt – durch – tausend Kleinigkeiten – die – redender noch sind als deutliche Worte selbst.

LOUISE. Man sagt laut – sie würde den Herrn von Dammdorf heirathen. Indeß – das müßte dir zuerst aufgefallen sein, wenn es wäre.

RUHBERG DER SOHN. Schwester, du kränkst mich, wenn du an ihrer Denkungsart zweifeln kannst. Sie ist das edelste Geschöpf – und nur eine Buhlerin kann mit der Hoffnung eines Mannes spielen.

LOUISE. Kann dich die Kanenstein ohne große Entsagung jemals besitzen?

RUHBERG DER SOHN. Das alles wird sich nächstens entscheiden.

LOUISE. Nächstens? nächstens sagst du? bald – jetzt! denn – unsere Kräfte können deinen Aufwand nicht mehr tragen.

RUHBERG DER SOHN. Wahr – wahr! –

LOUISE. Hättest du gestern deine Mutter mit dem Ausdruck des innigsten Schmerzens an dein Zimmer gehen, und von der verschlossenen Thür wehmüthig zurückkommen sehen – hättest du bis Mitternacht sie fragen hören: »Ist Eduard noch nicht da?« – es stünde vielleicht anders um uns.

RUHBERG DER SOHN. Denkst du, ich ringe nach Glück allein für mich? O nicht für mich, um euch, um dich – dir ein glückliches Schicksal wieder zu verschaffen.

LOUISE. Lieber Bruder – ich habe gewählt, und werde Sorge tragen, daß mein Herz deinen Stand nie entehre. – Aber werden wir ruhige Bürger zu dir passen? – – Dein Glanz wird unsere herzliche Anhänglichkeit verschmähen. Wie oft wird deine gute Schwester an deiner Thüre abgewiesen werden, weil ihre ungeschmückte Erscheinung das Gespött der glänzenden Assemblee werden müßte. Doch – eig'nen Verlust wollte ich tragen – wenn *du* nur glücklich wärst. Aber du würdest es nicht sein. Ich kenne dich. Du hast alles empfangen, um unter den Menschen für sie zu handeln. Im Genuß der glänzenden Schwelgerei, dir selbst zur Last, wird endlich die Urheberin deines Glücks deinen Ueberdruß entgelten.

RUHBERG DER SOHN. Du denkst ohne Noth das Schrecklichste.

LOUISE. Du bist unglücklich, wenn du deinen Zweck erreichst; solltest du ihn nicht erreichen, dann fällst du aus Pracht und Fröhlichkeit in Dürftigkeit und Trübsinn. In deinen Planen hintergangen, von einzelnen Menschen betrogen, verderbende Leidenschaft, umgeben von Ehrgeiz und Heftigkeit – Eduard, du könntest ein gefährlicher Mensch werden!

RUHBERG DER SOHN. Treibt mich Ehrgeiz zu Dingen, die euch Sorge machen können, so wird er mich vor allem hüten, was euch Schande machen könnte.

LOUISE. Nicht das, was *war,* macht mir diese Sorge, aber daß diese Ehrsucht täglich wächst –

RUHBERG DER SOHN. Du thust mir zu viel.

LOUISE. Daß sie auf die unbedeutendsten Kleinigkeiten sich erstreckt; daß du alles nur aus dem Gesichtspunkte siehst; daß ich zu gut weiß, daß der Ehrgeizige eine Ehre mit dem Verlust der andern – die Ehre, worauf er in dem Augenblick alles setzt, mit Schande sogar erkaufen kann – *Das* bekümmert mich, wenn ich an die Zukunft denke.

RUHBERG DER SOHN. Der, von dem du sprichst, ist ein Niederträchtiger –

LOUISE. Unser Gespräch hat eine Wendung genommen, die dir mißfällt – verzeihe es mir!

RUHBERG DER SOHN. Mißfällt? Kennen wir uns denn gar nicht mehr!

LOUISE. Manchmal scheint es so!

RUHBERG DER SOHN. Meine gute Schwester, – liebe Louise!

LOUISE *umarmt ihn herzlich.* Ach!

RUHBERG DER SOHN. Weine nicht – ich bitte dich!

LOUISE. Diese Thränen sind wohlthuend – sie rufen eine schöne Zeit zurück! Eduard! Was soll ein armes Mädchen thun, die sich nur um dich ängsten, und dir gar nicht helfen kann? Wenn du aus dem Hause gehst; ich denke so an alles, was dir begegnen kann, daß du niemand hast, der es gut mit dir meint, als uns, und daß du vor uns verschlossen bleiben mußt – sieh' – das Herz möchte mir oft brechen!

RUHBERG DER SOHN *streichelt ihre Wangen.* Es soll besser werden, Louise!

LOUISE. Jetzt bist du so gut; jetzt bin ich so glücklich. Aber das dauert ja nicht. Nun kommt Ritau wieder, dann ist alles weggestürmt.

RUHBERG DER SOHN. Nein, nein!

LOUISE. Ich habe eine Bitte – sei aber nicht heftig – sei gut – nimm meinen ehrlichen Willen friedlich auf wie sonst.

RUHBERG DER SOHN. Sprich, liebes Mädchen.

LOUISE. Nimm das wieder. *Sie gibt ihm die beiden Uhren.* Behalte sie, gib sie nicht weg.

RUHBERG DER SOHN *steht beschämt und ruft heftig.* Christian – Christian!

LOUISE. Nein, nein! *Sie faßt seine beiden Hände.* Nimm es so freundlich wie sonst, wenn ich zu einer glücklichern Zeit dir meinen aufgesparten Kuchen bringen durfte.

CHRISTIAN *kommt.*

RUHBERG DER SOHN *gibt ihm heftig die Uhren.* Zu Aaron Moses – Kerl!

CHRISTIAN *geht ab.*

LOUISE. Das ist hart und rauh.

RUHBERG DER SOHN. Ach Gott – Gott!

LOUISE. Du brauchst Geld, das weiß ich. Ich habe freilich wenig – aber ich bin so glücklich, wenn du es von mir annimmst – nimm es doch, lieber Bruder. *Sie gibt es ihm.*

RUHBERG DER SOHN. Louise! *Wirft sich in einen Sessel.*

LOUISE. Gönne mir doch die Freude, deinem Bedürfniß abgeholfen zu haben. Ich konnte dir ja so lange schon keine Freude machen.

RUHBERG DER SOHN. Nein, nein! ich will nicht. Ich bin nicht werth, ich bin nicht werth – ich bin ein unglücklicher Mensch.

LOUISE. Du brauchst wohl mehr – freilich dies ist wenig – Aber ich habe nicht mehr. *Weinend.* Ach! wenn ich es hätte –

RUHBERG DER SOHN. Gib her, Louise, gib her! Ich nahm euch alles – ich will auch *das* noch nehmen. Bin ich glücklich in der Welt – so habe einen Wunsch, eine Laune, die ich nicht schon befriedigt hätte, ehe sie entstehen, einen Gedanken, dem mein Gedanke nicht zuvorkam. Bin ich unglücklich? Bin ich es! und das muß sich jetzt entscheiden – so nehm ich dies – Es ist dein letztes – nehme es, um dich ganz geplündert zu haben, nehme es, damit der Gedanke an deine herzliche Güte mir Höllenmarter werde, wo ich gehe und stehe.

Achter Auftritt.

Vorige. Madame Ruhberg. Baron Ritau.

RUHBERG DER SOHN. Meine Mutter – Gott –

LOUISE *weinend.* Vergiß nicht, was ich dir sagte. *Geht ab.*

BARON. Wie? Sie fliehen, schönes Kind?

RUHBERG DER SOHN *zerstreut.* Lassen wir sie?

BARON. Nun schöne Frau, was für einen Unstern haben wir anzuklagen, daß Sie nicht von der Gesellschaft waren? Nie waren die Launen des Glücks hartnäckiger und interessanter, dabei war man von einer Jovialität.

MADAME RUHBERG *gezwungen freundlich.* Wirklich? ich bedaure, daß ich nicht dabei war.

BARON. Fürwahr *wir* bedauern es, *wir!* Ich habe indeß Zug für Zug das Spiel angegeben, das Sie gemacht haben würden, und man ist erstaunt frappirt, entzückt, wie ich mich in Ihren Geist zu versetzen wußte.

MADAME RUHBERG. Diese allgemeine Munterkeit *Sehr frierend.* konnte dich nicht anstecken, wie es scheint –

RUHBERG DER SOHN *verlegen scherzend.* O ja – aber die Nachtwache.

BARON. Ja, und die Unart der Madame Fortuna –

MADAME RUHBERG *bei Seite.* O mein Gott!

BARON. – Der mein Freund auch nicht ein Lächeln abzugewinnen vermochte. 40

MADAME RUHBERG *etwas außer Fassung.* Ja das ist schon so – je mehr man sie sucht, um so mehr flieht sie.

BARON *der sich ennuirt findet, sieht nach der Uhr.* Appropos, Madame – es ist noch früh – wir könnten noch vor der Toilette-Zeit eine ganz interessante Partie vingt et un haben.

MADAME RUHBERG. Sie verzeihen, ich habe noch einen dringenden Brief an meinen Bruder nach Berlin zu schreiben – Ehe du weggehst, Eduard, habe ich dir noch etwas zu sagen – *Weggehen wollend.* Herr Baron, auf Wiedersehen!

BARON. Madame, Madame! *Er führt sie mit vieler Artigkeit zurück.* Ich will auf keine Art beschwerlich sein. *Zu Eduard leise.* Sie vergessen nicht – alles wartet – Ihre Ehre!

RUHBERG DER SOHN. Ich komme gleich.

BARON *zu Madame Ruhberg.* Diesen Abend hoffe ich, sehen wir uns bei dem Fräulein.

MADAME RUHBERG. Ich glaube schwerlich – mein Mann will –

BARON *schnell einfallend.* Ah – Verhinderungen von *der* Seite? *Mit einer ironischen Verbeugung.* Freilich, die mögen handgreiflich und unüberwindlich sein. Wenn das so fort geht – so wird man die Spieltische mit Crep-Flor überziehen müssen! Indeß, noch hoffe ich – *Geht ab.*

Neunter Auftritt.

Madame Ruhberg. Ruhberg Sohn.

MADAME RUHBERG *Pause. Beide in einiger Entfernung, endlich begegnen sich ihre Blicke, gefaßt und gütig.* Du hast verloren?

RUHBERG DER SOHN. – Ja!

MADAME RUHBERG. – Viel?

RUHBERG DER SOHN *ernst.* Ziemlich.

MADAME RUHBERG *sie geht einige Schritte, Eduard steht unbeweglich, die Blicke starr an den Boden geheftet. Sie geht heftiger, weint trocknet sich die Augen, da sie wieder in Fassung zu sein versucht.* Weißt du, daß es mit meinem Vermögen zu Ende gegangen ist?

RUHBERG DER SOHN. – Ich weiß es.

MADAME RUHBERG *Jammer im Ausdruck, die Worte ohne Accent.* Ich habe nichts mehr – ich bin ganz arm.

RUHBERG DER SOHN *heftig.* Gute Mutter – liebe Mutter!

MADAME RUHBERG *wichtig.* Der entscheidende Tag muß heute sein; dein Vater verlangt es mit Ernst. Er wird selbst kommen, mit dir darüber zu sprechen. Eduard, – gehorch' ihm – er scheint dir wohl hart – er ist doch nur entschlossen – und ach – die Nothwendigkeit befiehlt es.

Zehnter Auftritt.

Vorige. Christian.

CHRISTIAN. Ein Bedienter des Fräuleins – Die Gesellschaft wartete, *Leise.* der Jude will nicht kommen.

RUHBERG DER SOHN. Schrecklich! – Gleich werde ich kommen. *Christian ab.* Mit leeren Händen!

MADAME RUHBERG. Du wirst wieder hingehen?

RUHBERG DER SOHN. Ich muß, wegen – ich *muß!* – heut noch werde ich dem Baron ein Billet an das Fräulein übergeben. Wenn sie Menschen und die Sprache des Herzens kennt, so ist sie überzeugt, daß mein Herz unter Tausenden sie wählen würde – auch wenn sie in Dürftigkeit lebte. Ich habe durch Verlust des Vermögens ihr bewiesen, daß ich jede Aufopferung für nichts achte, wenn ich mir damit erwerbe, um sie zu sein.

MADAME RUHBERG. Wohl – und doch – Wie erniedrigt fühle ich mich, daß du dieser Heirath *bedarfst?* – *Ahnend.* Wenn man dich abwiese?

RUHBERG DER SOHN. Nimmermehr!

MADAME RUHBERG *gewisser.* Wenn man dich abwiese! Ach Eduard – ich habe den Gedanken noch nie gedacht, daß man meinen Sohn abweisen könnte – als jetzt – seit ich *arm* bin!

RUHBERG DER SOHN. Hoffen Sie *alles.*

MADAME RUHBERG. Du müßtest diese Stadt verlassen, und was würde aus deiner Mutter? Die Welt müßte meines Jammers lachen, dein Vater ihn verdammen. Ach, ein Weib ist so hilflos gegen jeden Schmerz – was könnte ich thun, als mir Vorwürfe machen, dir nachweinen und sterben?

RUHBERG DER SOHN *im höchsten Enthusiasmus.* Gut, gut – ich sei abgewiesen. – *Sie* sollen nicht unglücklich werden – wahrhaftig nicht! Kindliche Liebe wird meinen Stolz erheben, Dankbarkeit, dringender Wiederersatz, alles wird mir ungewöhnliche Kraft geben. *Jetzt* handle ich für die Ehre, für die Freuden der Liebe. *Dann* handle ich für meine Mutter, für meine verspottete Mutter – für meinen getäuschten Vater. *Dann* habe ich Unrecht gut zu machen, heiße Thränen abzutrocknen. Der Unglückliche kann einen Segen erlangen, den der Glückliche nicht verdient. Was könnte *dem* mißlingen, den diese heiligen Gefühle begeistern? – Fühlen Sie das? O liebe Mutter, sollte ich nicht wünschen, ich würde abgewiesen? –

MADAME RUHBERG. Eduard, wie liebe ich dich um dieses kindlichen Gefühls willen! – Ja – du hast mir Muth wieder gegeben. Sei alles verloren – Ehre bleibt uns unverletzt. Dein Vater wird kommen – ich gehe – ich könnte dieser Unterredung nicht zuhören – – unsere Schuld ist zu groß. *Sie geht und kommt wieder.* Warum wird es mir so schwer von dir wegzugehen? – Ein ungewohntes Gefühl hält mich zurück. – Ach Eduard – dieser Tag entscheidet für eine lange Zukunft – Ehre oder Schande! wie es komme – nur erhalte mir dein Herz und die Ehre! – Nimm ein Andenken von dieser feierlichen Stunde! – da! – das Bild deines Großvaters. Das Schätzbarste, was ich habe, das Einzige, was ich noch geben kann. Im Glück oder Unglück, wenn ich nicht mehr bin – denk' an deine Mutter, und die Ehre! Denke, sie gab dir es in der Stunde, wo das Glück ihres Hauses, die Vorwürfe ihrer Schwäche, die Angst um dich! – ihr Todeskampf kostete. *Sie geht.*

RUHBERG DER SOHN *zugleich ihr nach.* Ja das will ich.

Eilfter Auftritt.

Ruhberg Vater. Ruhberg Sohn. In der Folge Christian.

RUHBERG VATER. Die Unterredung mit deiner Mutter scheint lebhaft gewesen zu sein?

RUHBERG DER SOHN. Ja, lieber Vater!

RUHBERG VATER. Du hast geweint – Wären es Thränen der Erkenntniß – so würde ich dich segnen, und den Ausgang ruhig deinem Herzen überlassen.

RUHBERG DER SOHN. Thun Sie es, Sie sollen sich nicht getäuscht haben.

RUHBERG VATER. Aber ich weiß, wo man dich *eben jetzt* wieder erwartet – und *warum* – Liebst du das Fräulein von Kanenstein?

RUHBERG DER SOHN. Ja!

RUHBERG VATER. Gut. – Es ist zu spät, zu untersuchen, ob dein Ehrgeiz, ihren Rang, ihr Vermögen – oder deine Liebe ihr Herz bedarf. Ich übergehe alle Einwendungen, die mich gegen diese Heirath einnehmen – Bedenke nur Eines!!

RUHBERG DER SOHN. Das ist –

RUHBERG VATER. Ich bin sehr glücklich verheirathet; deine Mutter hat mich nie fühlen lassen, daß sie von Adel ist; – und doch ist dir, mein Sohn, dein Vater jetzt im Wege, denn er ist ein Bürgerlicher.

RUHBERG DER SOHN. Glauben Sie, daß ich jeder guten Empfindung entsagt habe? Wollen Sie mich so grausam erniedrigen, daß –

RUHBERG VATER. Verweile einen Augenblick bei meiner Geschichte, und sieh, was dir bevorsteht. Das Vermögen deiner Mutter wollte ich ihrer Willkühr nicht verweigern, um ihr zu beweisen, daß ich bei unserer Verbindung darauf nicht sahe. Deine Anlagen sind vortrefflich, allein sie hätten sorgfältiger gepflegt, männlicher geleitet werden sollen. Als Knabe schon waren romantische Ideen deine liebsten. Von da gingst du zur Empfindelei über – dir ekelte vor der schalen Nahrung – du wurdest fleißig – deine Anlagen hatten sich entwickelt – du wurdest bedeutend – gelobt – du fühltest dich – dein Ehrgeiz entstand – stieg – wuchs ungeheuer, und ward durch die schwache Seite deiner Mutter auf einen Punkt gelenkt – Gott woll' es nie von mir fordern, daß ich dich dahin kommen ließ. Dein Vertrauen neigte sich vom Vater weg – hin zu der Mutter, welche deine Einfälle befriedigte. Ich liebe deine Mutter, ich hätte dies alles nicht ändern können, ohne ihr das Herz zu zerreißen – du stehst jetzt auf einem Punkt, wofür ich zittere – heut – nachdem ich fünfundzwanzig Jahre glücklich mit einer vortrefflichen Frau gelebt habe – muß ich deinetwegen wünschen: – ich hätte sie nie gesehen.

RUHBERG DER SOHN. Lieber Vater, Sie schaffen sich schreckliche Folgen einer so glücklichen Heirath. Warum denken Sie mich nicht glücklich unter Leuten, die sich meines Glücks annehmen? Zwar Sie lieben den Adel nicht – Sie sind überhaupt gegen eine Verbindung verschiedener Stände eingenommen –

RUHBERG VATER. Ich halte Unterschied der Stände für Bedürfniß. Aber ich kann nicht leiden, daß man irgendwo sei, wo man nicht hingehört – am wenigsten daß man sich aufdringe, wo man ganz und gar nicht hingehört. Ich liebte deine Mutter ohne irgend eine Rücksicht – doch ist diese Heirath meiner Kinder Unglück. Wenn ich nun sehe, daß ein Bürgerlicher so viel Geringschätzung des freien Willens, so wenig Gefühl seiner eigenen Menschenwürde hat, daß er glaubt, der Abglanz einer fremden Würde – könne seinen Werth erhöhen: – so bedaure ich ihn – und wenn es mein Sohn ist, an dem ich dies sehe, so kränkt es mich.

RUHBERG DER SOHN. Wenn ich Sie doch überreden könnte, eine der Einladungen anzunehmen, Sie würden sehen –

RUHBERG VATER. Was du nicht siehst – was ich mir so gerne verbergen möchte – daß man dich verachtet.

RUHBERG DER SOHN. Wie –

RUHBERG VATER. Wie können sie anders. Was sollen sie von einem Manne denken, der in einer ansehnlichen Klasse mit leichter Mühe der erste sein könnte, statt deß aber eine Familie zu Grunde richtet, um unter ihnen der letzte, der Sklav ihrer Meinungen, der Lastträger ihrer Launen zu sein. Dies alles hat mich diese letzten Jahre sehr beunruhiget – um so mehr, da ich es nicht ändern *konnte,* so lange das Vermögen deiner Mutter noch da war. Dieses ist nun – doch sie wird mit dir darüber gesprochen haben.

RUHBERG DER SOHN. Ja!

RUHBERG VATER. Auch wegen meines bestimmten Willens in Ansehung deiner.

RUHBERG DER SOHN. Auch deswegen.

RUHBERG VATER. Nun so gehe hin. Spiele nicht mehr. Was du jetzt noch verschwenden könntest – sind die wenigen ruhigen alten Tage deiner Eltern. Es wäre zu hart, wenn du eine Mutter noch Mangel leiden ließest. – Ich bitte dich, spiele nicht mehr. – Jetzt habe ich denn weiter nichts zu sagen. Geh jetzt hin, wo man dich erwartet. *Er geht, nach einigen Schritten fällt ihm der Sohn um den Hals.*

RUHBERG DER SOHN. Mein Vater –

RUHBERG VATER. Was hast du –

RUHBERG DER SOHN. Ich gehe nicht –

RUHBERG VATER. Wie –

RUHBERG DER SOHN. Ich bleibe hier –

RUHBERG VATER. Mein Sohn –

RUHBERG DER SOHN. Ich gehe nicht wieder hin – ich kann nicht – ich kann Sie nicht verlassen – sagen Sie mir, ob Sie mir verzeihen können? –

RUHBERG VATER. Alles!

RUHBERG DER SOHN. Ob Sie mich wieder lieben können?

RUHBERG VATER. Du willst nicht wieder hingehen?

RUHBERG DER SOHN. Nein!

RUHBERG VATER. Nie wieder?? –

RUHBERG DER SOHN. – Nein! –

RUHBERG VATER *nach einer Pause.* Du warst von jeher rasch – schnell in Aufwallungen wie deine Mutter. – Du bist es wieder gewesen. Es wäre Mißbrauch, wenn ich dir ein Gelübde abdränge, das du nicht halten kannst.

RUHBERG DER SOHN. Wie?

RUHBERG VATER. Nein, mein Sohn, jetzt sage ich dir, – gehe hin. *Christian kommt, macht eine Pantomime aus Ruhberg Sohn.* Siehst du – jetzt mußt du hingehen. Wenn du aber zurück kommst – und bei kaltem Blute deine Rückkehr beschließest – dann mein Sohn – hast du etwas Großes gethan: – Du sollst dein Versprechen nicht gebrochen haben – Sieh, ich selbst *Er führt ihn an die Thür der Gassenseite.* führe dich hin.

RUHBERG DER SOHN. Mein Vater –

RUHBERG VATER *reißt sich los, und geht auf der entgegengesetzten Seite ab.* 48

Dritter Aufzug.

Zimmer des jungen Ruhberg.

Erster Auftritt.

Christian. Hernach Sekretär Ahnden.
Christian nimmt eine Wanduhr herunter, als er eben damit abgehen
will, kommt der Sekretär Ahlden.

SEKRETÄR. Ist Sein Herr nicht zu Hause?

CHRISTIAN. Nein!

SEKRETÄR. Wo ist er?

CHRISTIAN. Ach –

SEKRETÄR. Ist etwas vorgefallen?

CHRISTIAN. – Er ist wieder dort!

SEKRETÄR. Bei dem Fräulein?

CHRISTIAN. Leider Gottes ja! – Sehen Sie – man spricht nicht gern
von seiner Herrschaft, und ich bin wahrhaftig der Mensch nicht –
aber himmelschreiend ist es – Sehen Sie nur, da wird ein Stück nach
dem andern fortgetragen. – *Er zeigt ihm die Papiere.* Da – haben
Sie die Güte, sehen Sie das einmal nach.

SEKRETÄR. Laß Er das gut sein – laß Er. Ich bin von allem unterrich-
tet, – und –

CHRISTIAN. O lieber Herr, – Sie sind ja ein Freund von meinem
jungen Herrn, und werden nun gar ein Verwandter – wozu ich denn
von Herzen Glück wünsche, – thun Sie doch ein Einsehen in die
Sache! Machen Sie, daß er aus dem verfluchten Hause bleibt –

SEKRETÄR. Ich will mein Möglichstes thun –

CHRISTIAN. Sehen Sie, von Jugend auf hat mich der junge Herr leiden
können – und hat allemal große Stücke auf mich gehalten – wie
manchmal hat er auf der Universität gesagt – Christian, so lange
ich lebe, bleibst du bei mir, du sollst Brot haben, so lange ich welches
habe! – ja – seit er mit den vornehmen Herrschaften umgeht – lieber
Gott, da bin ich ihm nicht gut genug mehr. Sonst machte ich ihm
alles zu Danke; jetzt ist dies nicht recht, und das nicht recht, –

Warum? – Ach das sehe ich wohl ein; ich mache keinen Staat. Er möchte so einen jungen Brausewind haben – und mich will er doch nicht fortschicken. – Gut ist der Herr, darauf will ich leben und sterben – wenn er nur aus dem verfluchten Hause bliebe! 49

Zweiter Auftritt.

Haushofmeister. Vorige.

HAUSHOFMEISTER. Dero gehorsamster Diener – Sind ohne Zweifel der junge Herr Ruhberg?

SEKRETÄR. Nein, mein Herr!

CHRISTIAN. Er ist nicht zu Hause –

SEKRETÄR. Wenn Sein Herr zu Hause kommt, so sage Er ihm, ich ließ ihn bitten, mich bei sich zu erwarten. *Geht ab.*

CHRISTIAN. Sehr wohl.

HAUSHOFMEISTER. Der Herr kommen wohl bald nach Hause? So will ich mich hier noch etwas verpatientiren.

CHRISTIAN. Das möchte Ihnen wohl zu lange dauern.

HAUSHOFMEISTER. So sei Er so gut, ihm das Billet einzuhändigen. Sage Er nur: ich wäre der Haushofmeister des von Dammdorfischen Hauses. Ich habe in der Nachbarschaft zu thun, und werde auf's baldigste wieder hier sein. *Geht ab.*

Dritter Auftritt.

CHRISTIAN *allein.* Wirst nur gar zu bald wieder kommen, meine ich immer. – Der ist auch aus der vornehmen Freundschaft geschickt. – Ich weiß, was ich thue; wenn das Volk ihn noch einmal so überläuft – schicke ich sie alle zu der Fräulein Braut. Mein Seel, schaden kann's nicht! Sie ist reich – und da sie ihn lieb hat – thut sie wohl einmal ein Uebriges. Er wird ihr es so nie sagen, wo ihn der Schuh drückt! – 50

Vierter Auftritt.

Ruhberg Sohn. Baron Ritau. Christian.

BARON. Kopf in die Höhe, *mon ami,* Kopf in die Höhe! – perseverance!

RUHBERG DER SOHN *der sich gleich Anfangs in stummer Verzweiflung gesetzt hat, beschäftiget sich, ohne darauf zu achten, mit einem Spiel Karten.* Ja, das ist wahr!

BARON. Jetzt müssen wir das Ding von allen Seiten angreifen. Vor allen Dingen – muß alles so maskirt werden, daß es scheine, als ginge noch alles auf brillanten Fuß fort. Man muß nicht merken, daß die Umstände in Verfall gerathen sind.

RUHBERG DER SOHN *ihn starr ansehend.* Der Valet kostet mir viel!

BARON. Warum aber auch sich so entetiren?

RUHBERG DER SOHN *taillirt an dem Tische, wo die Papiere liegen, welche er ohne aufzumerken herunter wirft, stampft mit dem Fuße, wirft die Karte weg, und ruft in einer Art von Raserei.* Er kostet verdammt viel!

BARON *der auf die fallenden Papiere aufmerksamer worden ist.* Was Teufel, ist denn das? Liebesbriefe? – *Er nimmt sie.* O weh! von böser Gattung; 1000, 200, – 456, mon ami – Sie stecken tief? – das sind erst kritische Karten!

RUHBERG DER SOHN *der ohne auf ihn zu hören, heftig umhergeht.* Die verdammten Sieben. Ich hatte sogar keine Ahnung davon!

BARON *ihn beim Arme schüttelnd, ernstlich.* Mon ami, hören Sie doch!

RUHBERG DER SOHN *gleichgiltig.* Was?

BARON *sehr pressant und laut.* Hier liegen eine Menge Noten, die bezahlt sein wollen!

CHRISTIAN *der bisher im Hintergrunde war, kommt bescheiden näher, so daß Ruhberg in der Mitte ist.* Es war fast nicht auszuhalten, so ungestüm waren die Leute – einige drohten – sprachen von Arrest –

RUHBERG DER SOHN *erwachend.* Ja das ist bös – das ist schrecklich. –

Fünfter Auftritt.

Vorige. Ein Gerichtsdiener.

GERICHTSDIENER. Wohnt hier Herr Ruhberg?

CHRISTIAN *der ihm gleich Anfangs entgegen ging.* Ja!

GERICHTSDIENER. Stelle Er ihm dies zu. *Geht ab.*

CHRISTIAN *gibt's hin.*

RUHBERG DER SOHN *nachdem er gelesen.* Teufel und alle Wetter!

BARON. Was ist's?

RUHBERG DER SOHN. Entsetzlich – entsetzlich!

BARON. So *reden* Sie doch.

RUHBERG DER SOHN. Sie wissen von der Forderung der Gebaueri-
schen Erben an mich?

BARON. Die tausend Reichsthaler.

RUHBERG DER SOHN. Richtig. Eben ist bei der Justizkanzlei Arrest
gegen mich erkannt worden!

BARON. Teufel! – Ist das gewiß?

RUHBERG DER SOHN *auf das Billet deutend.* Der Rath Grundmann
warnet mich, ich soll zuvorkommen – zahlen.

BARON *zuckt die Achseln. Eine kleine Pause.*

RUHBERG DER SOHN *nachdem er gelesen.* Das Ding fängt an, mich
warm zu machen.

BARON. Freund! wenn das losbricht? so steht unsere Sache schlecht.
Sehr schlecht!

RUHBERG DER SOHN *ironisch.* Ja, da haben Sie wahrhaftig Recht.

BARON. Allons donc! – Geben Sie mir das Billet an das Fräulein. Ich
will Ihr Heil versuchen.

RUHBERG DER SOHN. Ja, ja! *Holt es, hat aber das Billet des Hofmei-
sters in der Hand gehabt, und gibt nun dieses statt jenem.* Da – und
nun – Sie sehen, es fängt an heiß zu werden – im Namen der Verzweiflung! Thun Sie Wunder.

BARON. Das ist ja ein Billet an Sie?

RUHBERG DER SOHN. Wie? – ja wahrhaftig! *Sie tauschen.* Laß sehen
– *Er erbricht.* – Ha!

BARON. Nun – wie?

RUHBERG DER SOHN. C'est fort!

BARON. Was haben Sie denn wieder?

RUHBERG DER SOHN. Diese Nacht – mein Gott, wie konnten Sie's vergessen – *diese Nacht!*

BARON. Ah Ciel! Der Herr von Dammdorf –

RUHBERG DER SOHN. Das verfluchte va Banque!

BARON. Es war wahrlich – eine Insolenz.

RUHBERG DER SOHN. Warum warnten Sie mich nicht?

BARON. Mein Gott in einer solchen Gesellschaft! –

RUHBERG DER SOHN. Warum rissen Sie mich nicht bei den Haaren zurück?

BARON. Das würden Sie mir übel gedankt haben –

RUHBERG DER SOHN. Mein *Engel* wären Sie gewesen!

BARON. Ja, was ist zu machen?

RUHBERG DER SOHN *ihm in's Ohr.* Zum Thore hinaus zu gehen – einen schlechten Kerl mich brandmarken zu lassen.

BARON. Ah si donc – den Kopf nur nicht verloren. Jetzt entwickelt sich alles!

RUHBERG DER SOHN. Ja wohl – ja wohl!

BARON. Nachgedacht, nachgedacht!

RUHBERG DER SOHN. Worauf? woran?

BARON. An Zahlung –

RUHBERG DER SOHN. Herr, ich habe nichts – nichts – gar nichts, bin ärmer als in den Windeln.

BARON. Also Ausweg denn?

RUHBERG DER SOHN. Welchen – welchen? Dort tausend Reichsthaler – hier mein Ehrenwort auf heut!

BARON. Ja – da weiß ich nicht zu rathen. *Leicht.* Zwar das Ehrenwort –

RUHBERG DER SOHN. Verpfändet an meinen adeligen Nebenbuhler!

BARON. Es war aber auch eine rasende Sottise von Ihnen.

RUHBERG DER SOHN. Ja, rasend war ich – das war ich!

BARON. Man müßte versuchen, ob der Herr von Dammdorf in einem großmüthigen Raptus zu Milderung der Summe zu persuadiren wäre – Eine Art Geschenk –

RUHBERG DER SOHN. Es ist mein Nebenbuhler!

BARON. Ich hab's – das geht. Eine höfliche Vorstellung – begleitet von einem Wechsel, worin Sie sich zu der Schuld öffentlich und förmlich bekennen. Sie hofften, er würde nicht so strikte auf der

Zahlung bestehen, da ohnehin ein Kavalier das Ehrenwort eines Bürgerlichen –

RUHBERG DER SOHN. Die Ehre des Bürgers gegen den Kavalier ist die stolzeste in der Welt, und nicht selten die unverletzlichste.

BARON. Ja das sind alles herrliche Sentiments! – aber wenn alle Ihre Schuldner ein Geschrei erheben, so ist ja die Proposition, die Sie dem Fräulein thun wollen, die lächerlichste von der Welt.

RUHBERG DER SOHN. Das weiß ich, das bringt mich ja von Sinnen!

BARON. Die halbe Gesellschaft stierte sie an, lachte, zischte sich in die Ohren, als das rasende va Banque Ihnen echappirte. Sie schnitten ja Gesichter und radotirten solches Zeug, daß ich mich wahrhaftig wundere, daß Sie nicht gleich der Gegenstand der allgemeinen Persiflage geworden sind! hm –

RUHBERG DER SOHN. Ha, ha, ha, – Persiflage, ja das ist das rechte Wort!

BARON. Ja wahrhaftig!

RUHBERG DER SOHN. Hm! – Hören Sie, mir ist wunderlich bei dem Dinge zu Muthe, ich bin – in einer recht mörderlichen Stimmung.

Sechster Auftritt.

Salomon. Vorige.

SALOMON. Na! endlich einmal – Höre Sie, ich bräuch mein Geld – glach

BARON. Aber –

SALOMON. Prolongire kann ich nit mehr.

RUHBERG DER SOHN. Salomon – höre, wenn's dein Nutzen wäre, liehest du wohl noch etwas her?

SALOMON. Was rede Sie? – Gewesen bin ich bei der Fräle Braut.

RUHBERG DER SOHN. Baron!

BARON. Kerl!

SALOMON. Nu, gesprochen habe ich sie nit, aber – als Sie mich nit zahle – ich muß wieder hingehen.

RUHBERG DER SOHN. Beim Teufel –

BARON. Kerl, wo du –

RUHBERG DER SOHN. Ich muß einen Ausweg haben.
SALOMON. Nu – ich muß Resolution habe?

Siebenter Auftritt.

Haushofmeister. Vorige.

BARON. O weh –
RUHBERG DER SOHN. Was will Er?
HAUSHOFMEISTER. Eine geneigte Empfehlung von meinem gnädigen
   Herrn – dem Herrn Baron von Dammdorf, und er schickt mich
   her, bei Ihnen die bewußten tausend Rthlr. zu empfangen.

*Salomon zuckt sehr bedenklich die Achsel, Ruhberg redet mit ihm,
zeigt Haushofmeister, der Jude geht mit Christian ab. Christian
kommt gleich wieder herein.*

BARON *nach einer Pause.* Mein Freund, das wird Er wohl jetzt nicht
   mit bekommen – aber
HAUSHOFMEISTER *fast grob.* Ho ho, Sie erlauben, – mein gnädiger
   Herr sagten für ganz gewiß: der Herr Ruhberg würden zahlen – Sie
   hätten Dero Ehrenwort sehr strikte verpfändet.
RUHBERG DER SOHN *wild.* Das habe ich auch –
BARON *mit falschem Feuer.* Mon ami! – Sie haben mit Ihrem Unge-
   stüm alles verdorben – da liegt das Billet. *Er legt es auf einen Tisch.*
   Ich zieh' mich aus der Affaire. *Will fort.*
RUHBERG DER SOHN *hält ihn auf.* Baron – Christian! *Außer sich.*
   Sie treiben mich zu verzweifelten Dingen.
BARON. Wie?
CHRISTIAN. Was befehlen Sie?
RUHBERG DER SOHN *ängstlich.* Ich will – Herr Baron, Sie gehen
   doch *gleich* zu dem Fräulein?
BARON. Ja – wenn nur –
RUHBERG DER SOHN. Christian, frag' doch meinen Vater, ob – ob
   – Nachmittag bei der Justiz Session ist?
CHRISTIAN *geht.*
HAUSHOFMEISTER. Ich bitte, mich nicht lange aufzuhalten –

RUHBERG DER SOHN. Nein, nein –

HAUSHOFMEISTER. Ich bin bereits beordert, so wie ich von hier weggehe, mit dieser Summe einen Posten zu tilgen. Ich hoffe, Sie werden in Konsideration, Dero gegebenen Parole, mich nicht –

RUHBERG DER SOHN. Halt Er's Maul – Er wird bezahlt. Baron. Mein Gott, wovon –

CHRISTIAN *zurückkommend.* Der Herr Vater sind nicht zu Hause.

RUHBERG DER SOHN. Christian, der Jude soll bei dir warten – bis – bis ich klingle –

CHRISTIAN *geht.*

RUHBERG DER SOHN. Herr Baron – haben Sie die Gnade, den Mann einen Augenblick – ich bin gleich wieder hier. *Geht ab.*

Achter Auftritt.

Baron. Haushofmeister. Ruhberg der Sohn bald wieder zurückkommend.

BARON. Er weiß wohl nicht, mein guter Alter – ob Sein Herr jetzt bei dem Fräulein Kanenstein ist?

RUHBERG DER SOHN *tritt hastig ein.* Herr Baron!

BARON. Was haben Sie –

RUHBERG DER SOHN *sich leicht stellen wollend.* Sie glauben also – wenn ich diese Leute bezahlen könnte – hätte ich Hoffnung bei dem Fräulein?

BARON *befremdet und verwirrt.* Ja die haben Sie – Mein Gott ja – aber was haben Sie – blaß entstellt – der Angstschweiß steht Ihnen auf der Stirne – Sie zittern –

RUHBERG DER SOHN. – Dem alten Manne währt die Zeit lange. *Geht ab.*

BARON *ihm nachsehend. Eine kleine Pause.* Das begreife ich nicht!

HAUSHOFMEISTER. Sehen Sie, Herr Baron, ich kann Ihnen nicht sagen, ob mein gnädiger Herr alleweile bei dem Fräulein sind, denn um des gnädigen Herrn Thun und Lassen, Gehen und Stehen bekümmere ich mich nicht. Ich denke immer: »Was deines Amts nicht ist, da laß deinen Vorwitz« und Gott sei gedankt! – ich befinde mich wohl dabei.

BARON. Ha ha, das glaube ich – ich lobe Ihn.

HAUSHOFMEISTER. Aber mein gnädiger Herr sind auch nicht etwan so – wie es manche gibt. – »Die Schale weggeworfen, wenn die Zitrone ausgedrückt ist.« – Denn sehen Sie, ich bin ein Erbstück von dem seligen alten Herrn.

58 BARON. So so! – Aha!

HAUSHOFMEISTER. Ich kann Ihnen sagen, Herr Baron, auf dem Gute ist kein Acker Landes, kein Weiher, kein Gehölz, kein Baum, Obst- und Gemüsegarten, ich weiß, was er trägt.

BARON. Tausend! – das ist viel.

HAUSHOFMEISTER. Ja, den möchte ich sehen, wer den gnädigen Herrn um einen Pfennig betrügen könnte, wenn er erst durch meine Hand gehen muß.

BARON. O ja, dafür sehe ich Ihn an.

HAUSHOFMEISTER. Ja – es wird doch nichts erübriget. Bei dem seligen Herrn war allezeit ein starker Ueberschuß, bei uns aber will es nicht zulangen. – Herr Baron! *Raunt ihm vertraulich zu.* Der Staat ist zu groß. –

BARON *lachend.* Ja wohl da –

HAUSHOFMEISTER *wie vorhin.* Sie wollen es Fürsten und Herren gleich thun!

BARON. Ja, da liegt es.

HAUSHOFMEISTER. So eine Reise nach Italien, die macht mir denn auch viel Molestie. Da kommt ein Brief nach dem andern. – »Geld, Alter – Geld!« – Da muß hingeschickt werden – Ah – es ist eine Schande und ein Spott. Wenn der gnädige Herr *hier* etwas kaufen, da fragen sie so wohl zuweilen Dero alten Knecht – o, da habe ich schon manchen luftigen Handel den Krebsgang gehen lassen.

BARON *lange Weile findend.* Das ist wahr, Sein Herr hat an Ihm einen treuen Diener.

HAUSHOFMEISTER. Ja, ich bin ein alter Knabe, aber, was die Treue
59 importirt, da thut mir es keiner gleich.

43

Neunter Auftritt.

Vorige. Ruhberg der Sohn blaß, verstört und hastig.

RUHBERG DER SOHN. Hier, alter Freund, ist Sein Geld – Geh' Er.

HAUSHOFMEISTER. Wegen dem Nachzählen?

RUHBERG DER SOHN. Das thue Er zu Hause –

HAUSHOFMEISTER. Ja, und dann wegen der Quittirung?

RUHBERG DER SOHN. Ich will keine – fort!

HAUSHOFMEISTER. Nun dann – Ihr gehorsamster Diener. *Geht ab.*

BARON. Ich bin höchlich erstaunt – bravo! ich gratulire!

RUHBERG DER SOHN. Ich danke Ihnen, Herr Baron – ich danke Ihnen.

BARON. Aber wo, zum Guguck, haben Sie denn am Ursprung des Mangels noch eine solche Summe herbekommen?

RUHBERG DER SOHN. Da haben Sie noch einige Summen, zahlen Sie damit den Juden, nehmen Sie die Gehbauerische Klage zurück, und befriedigen Sie die schreiendsten Forderungen – und vor allen – eilen Sie – fliegen Sie zu dem Fräulein.

BARON. Sogleich.

RUHBERG DER SOHN. Ich will der Kleinigkeiten nicht erwähnen, welche Sie mir als Freundschaftsbezeugungen oft so hoch anrechneten, nicht daß ich Ihnen einst das Leben rettete – aber daß Sie mich diesen Engel kennen lehrten – das ich nun aus Armuth bedarf, was vorher nur mein Glück vergrößert haben würde, das verschwendete Reichthümer, eine vernichtete Familie, verloren – o mein Freund, bei allem, was Sie wissen – *bei dem was Sie nicht wissen!* – Fachen Sie jedes Fünkchen, das für mich spricht, zur Flamme an! Mein Glück muß *gleich* entschieden werden, wenn es so groß sein soll, als mein Unglück werden kann.

BARON. Gott mir ahnet ein schrecklicher –

RUHBERG DER SOHN. Gehen Sie – kein Zögern, sein Sie so schnell, als wenn es Ihre Seele gälte!

BARON. Ja, wenn aber –

RUHBERG DER SOHN. Lassen Sie mich! Ihr Dastehen ist schrecklich, tödtlich Ihr Anblick, bis Sie von ihr kommen. *Er treibt ihn ängstlich fort.* Fort, fort – ich muß allein sein!

BARON *geht.*

Zehnter Auftritt.

RUHBERG DER SOHN *allein.* Allein – allein muß ich sein, seit ich lasterhaft bin – oder ist es frömmlende Gewissenhaftigkeit – Ueberbleibsel der Ammenmoral? – Aber diese Angst, diese Bangigkeit – das Blut schlägt zum Herzen – meine Hände sind kalt – alle Besinnung verläßt mich – ist das das Zagen des gemeinen Sünders? – – Rasender – du bist's! – »Meinem Vater heimlich abgeliehen,« sage ich! – »Er hat die Landeskasse angegriffen, wird die Menge sagen. Neid, Verfolgung, Falschheit, Wuth und Gesetze werden gegen mich aufstehen. »Er hat die Kasse best –« *Hier* darf ich das Wort nicht sprechen, in kalten Mauern werde ich es beweinen, die Gesetze werden ihr Opfer suchen – und der Gedanke hat es entseelt.

61

Eilfter Auftritt.

Sekretär Ahlden. Ruhberg Sohn.

SEKRETÄR. Nun denn, endlich einmal zu Hause. Guten Tag, lieber Ruhberg!

RUHBERG DER SOHN *verlegen, freundlich und höflich.* Ihr Diener!

SEKRETÄR. Ei mein lieber Ruhberg, seit wann sind wir denn auf so ceremoniösen Fuß mit einander?

RUHBERG DER SOHN. Ceremoniös? davon weiß ich nichts.

SEKRETÄR. Nun – was ist es dann, das mich hier unbekannt macht, oder nicht willkommen? Ich möchte aber so gerne willkommen sein; und doch sieht es nicht so aus.

RUHBERG DER SOHN. Der Vorwurf ist sonderbar genug!

SEKRETÄR. Es sollte kein Vorwurf sein, aber mir ist es lieb, wenn du es dafür genommen hast. Es beweiset, daß du dich einer Zeit erinnerst, wo es unter uns beiden anders war.

RUHBERG DER SOHN. Wenn man sich lange nicht gesehen hat –

SEKRETÄR. Ich war oft hier.

RUHBERG DER SOHN. Daß ich es verfehlt habe – *Höflich.* thut mir von Herzen leid.

SEKRETÄR. Von Herzen? Nun wenn das keine Formel war – und dafür sind wir ja wohl alle beide zu gut – so gib mir die Hand.

RUHBERG DER SOHN *reicht sie ihm zerstreut hin.*

SEKRETÄR. Es sind zwar nur zwei Finger, die mich etwas scheu berühren – aber ich nehme mir mein Recht – ich nehme deine ganze Hand, und drücke sie brüderlich. – Sieh' mich an, ehe ich diese Hand entlasse.

RUHBERG DER SOHN *sieht ihn flüchtig an.*

SEKRETÄR *läßt die Hand los.* Haftet denn gar nichts an dir? Der roheste Mensch freut sich, wenn das Schicksal im einen Menschen aus der Zeit der akademischen Jahre zuführt, mich führt das Herz zu dir. Laß doch die Adresse gelten.

RUHBERG DER SOHN *schüttelt ihm die Hand.* Recht gern, lieber Ahlden!

SEKRETÄR. So recht! Nun haben wir uns wieder gefunden! Ich wäre auch eher nicht abgegangen. Könntest du auch mich entbehren; ich kann dich nicht missen. Die Freundschaften in jener Zeit geschlossen, woher die unsere stammt, halten im Sturme und reichen über das Grab hinaus! Hat sich auch zwischen uns beide eine Weile her die große Welt geworfen –

RUHBERG DER SOHN. Es wird auch mehr davon gesprochen, als wahr ist.

SEKRETÄR. Wie es denn zu gehen pflegt. So wollen wir doch –

RUHBERG DER SOHN. Hast du noch etwas zu sagen? Es thut mir leid, aber wahrlich, eine pressante Angelegenheit ruft mich fort!

SEKRETÄR. So? Schenke mir nur wenige Augenblicke für manche Monate, die mir bei dir verloren gegangen sind. Zwar hat mich jetzt ein sehr dringendes Anliegen zu dir gebracht! Indeß – du meinest, es wäre jetzt nicht der Augenblick. Nun – so sei es darum! Davon ein andermal. Indeß gewähre mir eine Bitte.

RUHBERG DER SOHN. Die wäre?

SEKRETÄR. Ich möchte etwas von dir haben und behalten, woran dir wohl jetzt nicht mehr viel liegt. Du weißt vielleicht nicht mehr, daß du es gemacht hast. Ich meine die Zeichnung vom Sonnenuntergange. Du machtest sie auf der Universität; sie gefiel so sehr!

RUHBERG DER SOHN. Ah – ja! *Er öffnet das Portefeuille, nimmt die Zeichnung heraus.* Da! *Er hält sie zurück.* Du willst sie behalten?

SEKRETÄR. Wenigstens vor der Hand.

RUHBERG DER SOHN. Ahlden!

SEKRETÄR. Ruhberg!

RUHBERG DER SOHN. Du siehst mich so wehmüthig an.

SEKRETÄR. Ich kann nicht anders.

RUHBERG DER SOHN. Hoffest du nichts mehr von mir?

SEKRETÄR. Darüber haben wir sprechen wollen. Du hast ja aber nicht Zeit dazu.

RUHBERG DER SOHN. Was willst du mit dieser Zeichnung?

SEKRETÄR. Ich will ein Andenken von dir besitzen – und möchte gern ein Andenken in dir auffrischen!

RUHBERG DER SOHN. Glaubst du, daß wir bald scheiden werden?

SEKRETÄR *nimmt die Zeichnung.* Wer kann das wissen! *Er betrachtet sie am Tische.*

RUHBERG DER SOHN *geht einige Schritte.* Du bist sehr ernsthaft!

SEKRETÄR *ohne ihn anzusehen.* Wer ist es nicht, wenn er deine Lage fühlt! – du bist dahin gegeben. Bist nicht mehr Herr deines Schicksals, deines Thuns – wer weiß, wie du enden wirst! da ich nun viel auf dich halte: so laß mich da Blatt aufheben, bis man sieht, wie es mit dir gehen kann! Ich habe immer viel auf das Stück gehalten. *Hebt die Zeichnung auf.* Das ist dann doch gerettet! – Es ist eine herrliche Zeichnung – an dem Tage, da du Ritau das Leben gerettet hattest, ward dies angelegt! *Er scheint in der Betrachtung verloren.* Die herrliche Perspektive! In kleinen Zügen die weite Schöpfung so groß dargestellt. Bei allem, was schon über das Nämliche gesagt, gesungen und gemacht worden ist – so kühn, so neu und doch so wahr. In leisen Andeutungen so unendlicher Raum für die Fantasie. Das ist kein Stück, davor man einst vorüber gehen und sagen wird: »es ist schön.« Es gibt *Deinen* Blick. Indem man es sieht, ist man der Künstler, der es schuf; wenn man es verläßt, scheidet man von einem Freunde. *Er breitet die Zeichnung auf dem Tisch hin.* Ich sehe dich an der Warte sitzen und mich und die Uebrigen – die Natur im glühenden Sonnenuntergange verherrlicht. Das war ein Tag!

RUHBERG DER SOHN *seufzend.* Das war ein Tag!

SEKRETÄR. Nenne mir einen deiner jetzigen Tage, dessen du einst dich erinnern möchtest?

RUHBERG DER SOHN *seufzt.*

SEKRETÄR. Schade, daß du in dieser Kunst nicht weiter gegangen bist!

RUHBERG DER SOHN. Schade? *Von ihm weg.* Schade um vieles!

SEKRETÄR *sich rasch zu ihm wendend.* Ja wohl! Auch in der Poesie hast du interessante Sachen geliefert. – Das schläft nun alles! So gar für Musik bist du todt!

RUHBERG DER SOHN. Das wird alles wieder kommen!

SEKRETÄR. Wie gern möchte ich das hoffen!

RUHBERG DER SOHN. Hast du gar keine Hoffnung von mir, ehrliche Seele?

SEKRETÄR. Du verlierst mit jeder Stunde von deinem innern Gehalt! *Seufzt.* Wie es verloren geht, werden wir nicht gewahr! Wer bringt in seiner ersten Kraft wieder, was verwüstet ist! Wohin sind die großen erhebenden Vorsätze? – Weißt du noch, wie wir auf der Universität uns freuten, nach und nach dem Aktenstile aus dem Wege zu gehen – wie wir uns ärgerten, daß die Richter den Menschen nicht begreifen könnten – wie wir uns beredeten, wenn es einst an uns kommen würde, in den Gerichten, ohne Schwärmerei, mit Ernst Gutes zu thun!

RUHBERG DER SOHN. Wohl weiß ich das!

SEKRETÄR. Die Zeit des Wirkens ist gekommen! Was geschieht?

RUHBERG DER SOHN. Mit *dem* Willen bin ich hieher gekommen. Es war mir wenig daran gelegen, bekannt zu werden. Aber – Ritau machte mich bei der Fräulein Kanenstein bekannt; sie zog selbst meine Mutter an sich – Leidenschaft für das schöne Geschöpf riß mich hin – ich ward in die Lebensart verwickelt – vorbei war es mit jenen einfachen Planen.

SEKRETÄR. Und vorbei mit deiner Glückseligkeit! Sonst lebtest du das Leben des Weisen – was jetzt? Sage selbst, wie es *jetzt* mit dir steht, oder wenn dein Gewissen nicht treu ist – lies es in gräßlicher Schrift auf den Gesichtern der Unglücklichen dieses Hauses, deren Seligkeit du vertändelt hast.

RUHBERG DER SOHN. Was soll das? Was ich war – bin ich nicht mehr – kann es nie wieder werden! Was willst du – was machst du aus mir?

SEKRETÄR. Reiß dich heraus – stoß deine ungetreuen Gefährten von dir – verachte den Schimmer – werde Bürger – Bruder meiner künftigen Frau – erhebe dich zum Sohne und zum Bürger – alles ist dann gethan, du stehst auf der Höhe – die Deinen lieben dich, und die Menge bewundert dich!

RUHBERG DER SOHN. Es ist zu spät, es ist zu spät! – Bruder – so nenne ich dich aus ganzer Seele – sieh, meine Augen sprechen, was mein Herz fühlt, diese Thräne ist das Beste, was ich lange empfunden habe. Damit nimm vorlieb – Kehre um von meinen Ruinen, wende dich ab und laß mich liegen! Ich bin vorbei!

SEKRETÄR. Kann ich das? Kann ich nach dieser Thräne jetzt scheiden?

RUHBERG DER SOHN. Geh – ich halte es nicht aus!

SEKRETÄR. Ist dein Herz gebrochen – so bist du Herr deines Schicksals! Tritt den Tand mit Füßen, um den die Deinen verzweifeln. Komm in's Freie – Dort wollen wir den neuen Lebensplan entwerfen!

RUHBERG DER SOHN. O es ist zu spät! *In Verzweiflung.* Es ist zu spät!

SEKRETÄR. Wie so?

RUHBERG DER SOHN. Der Würfel ist geworfen. Gewonnen oder verloren – morgen werden wir das wissen.

SEKRETÄR. Ruhberg! Sieh hin auf dein Spiel – rette dich mit dem letzten Wurfe!

RUHBERG DER SOHN *sieht gegen Himmel.* Er ist geworfen!

SEKRETÄR. Wirst du in diesem Schweigen beharren?

RUHBERG DER SOHN. Ja!

SEKRETÄR. Aber –

RUHBERG DER SOHN. Und was soll ich thun? In das trockene Aktenleben tauge ich nun einmal nicht mehr!

SEKRETÄR. Trocken? das kann eine Arbeit nicht sein, die Menschen glücklich macht. Sieh – zum Beispiel – heute ist es entschieden, daß meine Defension einem Menschen das Leben gerettet hat. Sage dir es, wie ich mich dabei fühle.

RUHBERG DER SOHN. Freilich – *das* habe ich mir oft gesagt. Wen hast du defendirt?

SEKRETÄR. Den alten Einnehmer Sieveet von Grünhayn, du mußt dich erinnern – der berüchtigte Kassenangriff –

RUHBERG DER SOHN. Kassenangriff! So? so!

SEKRETÄR. Kennst du den Mann?

RUHBERG DER SOHN. Ja, der Fall ist mir bekannt.

SEKRETÄR. Die Defension war nicht leicht. Die Kassendefekte sind seit einiger Zeit so häufig – die geschärften Gesetze hatten den Galgen auf geringe Summen gesetzt.

RUHBERG DER SOHN. Es ist Unsinn, Todesstrafe darauf zu setzen.

SEKRETÄR. Ja die Wiederholung –

RUHBERG DER SOHN. Es ist Raserei, sage ich dir.

SEKRETÄR. Kann aber mit irgend einer Ordnung ein solcher Diebstahl –

RUHBERG DER SOHN *rasend*. Ein Mensch, der eine Kasse angreift, ist kein Dieb!

SEKRETÄR. Was denn anders?

RUHBERG DER SOHN. Die mehrsten wollen es wieder ersetzen.

SEKRETÄR. Wollen!

RUHBERG DER SOHN. Und würden – wenn man nicht –

SEKRETÄR. Auf diese Art könnte jeder liederliche Bursche zur Befriedigung seiner Ausschweifungen stehlen – und –

RUHBERG DER SOHN. Untersucht ihr denn aber – *wie* der Mensch dahin gekommen ist? Gibt es nicht Fälle, wo der Richter gerade so gehandelt haben würde, als der Verbrecher, den er verdammt?

SEKRETÄR. Wohl. Tausche die Personen, und es wird –

RUHBERG DER SOHN. Ha, du bist kalt – kalt – wie sie alle sind. Eure Pflicht heißt Blutgier, eure Gerechtigkeit ist Morden.

SEKRETÄR. Aber sage mir – wie kannst du wegen eines *möglichen* Falles –

RUHBERG DER SOHN. Hm – das werde ich jetzt erst gewahr –   68

SEKRETÄR. So ausschweifend heftig sein? – ich begreife dich nicht.

RUHBERG DER SOHN. In der That, ich muß deklamirt haben – Verzeih' – Du weißt ja –

SEKRETÄR. Du hast eine eigene Art. Kannst du dich nicht für eine Sache interessiren – ohne sie mit einem Feuer zu umfassen, das dich verzehrt?

RUHBERG DER SOHN. Das ist meine fröhlichste Hoffnung, daß es nicht lange mehr so dauern kann – Wenn es nur nicht auf eine schreckliche Art bricht!

SEKRETÄR *ihn mit Güte umarmend*. Ist denn nimmer Friede in dir? *Eine Pause – Ruhberg wendet das Gesicht ab.* Inneres Bewußtsein gewährt ja Frieden und die Ruhe des Weisen!

RUHBERG DER SOHN *dreht sich rasch um, fixirt, ergreift ihn.* Geh’
hin, und weine über mich! *Er stürzt aus dem Zimmer.*

SEKRETÄR. Ruhberg, Freund, Bruder – *Ihm nach.*

69

Vierter Aufzug.

Erster Auftritt.

Ruhberg Vater, hernach Christian.

RUHBERG VATER *ist schon auf der Bühne, er sitzt und liest, sieht nach der Uhr.* Drei Viertel auf vier – nun werden sie bald hier sein. *Klingelt. Christian kommt.* Ist mein Sohn zu Hause?
CHRISTIAN. Gewesen – und sagten, sie würden bald zurückkommen.
RUHBERG VATER. Gut. Wer vorfährt oder sich melden läßt, wird nicht angenommen.
CHRISTIAN. Sehr wohl! *Geht ab.*

Zweiter Auftritt.

Ruhberg Vater. Madame Ruhberg.

RUHBERG VATER. Meine Liebe! Sie haben treffliche Einrichtungen gemacht. Bei Ihrer getroffenen Einschränkung litt Niemand, der uns lange gedient hat. – Zwar, das durfte ich von Ihrem Herzen erwarten.
MADAME RUHBERG. Der Himmel weiß. Ich habe nicht leicht einen schmerzlichern Auftritt gesehen. Sie wissen, es sind alle gute Leute. Keiner wußte, woran er war, – sie wollten, sagten sie: »gern um weniger dienen,« sie wollten – ich konnte es nicht länger ertragen, ich schloß mich in mein Kabinet und weinte.
RUHBERG VATER. Ich stelle mir sehr lebhaft vor, was Sie bei dem allen geduldet haben. – Auch habe ich eben deswegen Ihnen vorschlagen wollen, ein anderes – etwa kleineres Haus zu beziehen, um alle Erinnerung von vordem zu verbannen.
MADAME RUHBERG. O lieber Mann – das Haus ist lange bei meiner Familie gewesen –
RUHBERG VATER. Es kommt darauf an, wie mein Sohn steht – ob wir es behalten können oder nicht. Wenn er aber keine Schulden

hätte, welches doch nicht zu vermuthen ist, so braucht er doch ansehnliche Unterstützung, ehe seine Geschäfte in Gang kommen.

MADAME RUHBERG. Unterstützung? – Geschäfte? Sie vergessen –

RUHBERG VATER *gütig*. Was ich so gern vergesse, die Heirath.

MADAME RUHBERG. Ach! –

RUHBERG VATER. Hat er Anfrage gethan –

MADAME RUHBERG. Ja!

RUHBERG VATER. Und die Antwort –

MADAME RUHBERG. Ist noch nicht zurück.

RUHBERG VATER. Noch nicht zurück? – Lassen Sie uns nicht weiter davon reden – Eduard wird doch kommen?

MADAME RUHBERG. Gewiß.

RUHBERG VATER. Wenn es möglich ist – so sein Sie heiter an meinem Familienfeste.

MADAME RUHBERG. Werden Sie Kummer an mir gewahr – ach! – so gilt er nur mir.

Dritter Auftritt.

Vorige. Oberkommissär Ahlden. Sekretär Ahlden von Louisen herein geführt.

OBERKOMMISSÄR *noch inwendig*. Ich habe zu bitten – wird nicht geschehen.

RUHBERG VATER. Ah da sind sie!

OBERKOMMISSÄR. Ei, ei! *Tritt ein.* Sie sind gar zu artig, Mamsell, gar zu artig.

RUHBERG VATER. Sein Sie mir herzlich willkommen –

OBERKOMMISSÄR. Ihr Diener, Herr Kollega – gehorsamer Diener, Madame –

MADAME RUHBERG. Mein Herr –

SEKRETÄR. Wir kommen früher als Sie uns erwarteten. Das werden Sie mir vergeben.

RUHBERG VATER. Wollen Sie nicht Platz nehmen?

OBERKOMMISSÄR. Wenn Sie erlauben – ich liebe die Beweung im
Gehen und Stehen – die Uebrigen werden sich ihrer Bequemlichkeit

bedienen – Ein recht allerliebstes Kind – Ihre Mamsell Tochter, so artig und manierlich – so sedat –

LOUISE *zum Sekretär Ahlden.* O wie mich das freuet, daß ich ihm gefalle.

OBERKOMMISSÄR. Wie alt ist das liebe Kind?

MADAME RUHBERG. Neunzehn Jahr.

OBERKOMMISSÄR. Neunzehn? – so alt, wie mein Justinchen, wenn sie noch lebte. Auf Johannis werden es sieben Jahre, daß sie starb. – Warum setzen Sie sich nicht? Richten Sie sich nicht nach mir! Viel Sitzen wäre mein Tod – Sitzen, Wein, Kaffee und Traurigkeit, dafür muß ich mich gewaltig in Acht nehmen.

RUHBERG VATER. Da thun Sie wohl.

OBERKOMMISSÄR. Wenn ich nur ein wenig über Schilds Rand gehe, gleich kommt mein Accident – Das Blut steigt mir zum Kopfe, ich sehe alles doppelt und dreifach.

MADAME RUHBERG. Sie scheinen doch recht wohl zu sein, auch –

OBERKOMMISSÄR. So, so, – ein Paar allerliebste Schwanen haben Sie in Ihrem Garten, Madame! – Apropos – ist denn der Herr Sohn nicht da –

MADAME RUHBERG. Er wird nachher die Ehre haben, Ihnen –

OBERKOMMISSÄR. Nach Zeit und Gelegenheit – pressirt nicht –

MADAME RUHBERG. Erlauben Sie, er –

OBERKOMMISSÄR. Wenn Sie erlauben, werde ich die lieben Thierchen dann und wann besuchen, ich fütt're sie so gern.

MADAME RUHBERG *verbeugt sich.* Mein Sohn würde längst hier gewesen sein, wenn –

OBERKOMMISSÄR *sagt zu Ruhberg V.* Wissen Sie denn, wer die reiche Amtsvogtei bekommt? *Er nimmt ihn mit sich in den Hintergrund.*

MADAME RUHBERG *sieht ihm etwas empfindlich nach.*

SEKRETÄR UND LOUISE *sind in Verlegenheit.*

MADAME RUHBERG. Ihr Herr Vater hat vielleicht vor der Hand Geschäfte mit meinem Manne, wenn das ist, so wollen wir –

SEKRETÄR. Noch nicht, glaube ich – *Näher zu ihr.* Es ist Liebe und Gütigkeit, wenn Sie die Außenseite entschuldigen, o wenn er Ihnen näher bekannt sein wird –

RUHBERG VATER. Ich hätte doch nicht gedacht –

OBERKOMMISSÄR. Cui favet, *wieder herunterkommend.* lieber Herr Kollega – cui favet! – Nun, was ich sagen wollte – die jungen Leute wollen uns in Verwandtschaft bringen.

RUHBERG VATER. Ja, lieber Ahlden, das hat sich so auf einmal gefunden.

OBERKOMMISSÄR. Ich will Ihnen sagen – wenn es Ihr Wille ist – je nun – in Gottes Namen! – ich will nichts dagegen haben.

MADAME RUHBERG. Ich danke Ihnen dafür. Für uns und meine Tochter, daß Sie nichts *dagegen* haben wollen.

OBERKOMMISSÄR. Ja sehen Sie – Sie müssen mir's nicht übel deuten – Im Anfange hatt' ich dagegen.

RUHBERG VATER *nur wenig befremdet.* So?

MADAME RUHBERG *fast heftig.* Das hör' ich zum ersten Male in der That.

OBERKOMMISSÄR. Ja, ja, im Anfange war ich gar nicht davon erbauet.

SEKRETÄR. Ja, mein Vater meinte –

OBERKOMMISSÄR. Daß sein Sohn ihn reden lassen sollte! – also – wie gesagt, denn ich bin nun einmal so, – hinterm Berge halten und dissimuliren, ist all mein Lebtage meine Sache nicht gewesen – Im Anfange – hätt' ich lieber – lieber gewollt, daß mir – Gott verzeih' mir meine schwere Sünde, die hohen Herren meine Rechnung nicht hätten passiren lassen, als daß der Mensch sich hier vergafft hätte.

MADAME RUHBERG. Ich weiß nicht wie –

OBERKOMMISSÄR. Sie erlauben, – es gehört zur Sache – ich will Sie nicht beleidigen.

MADAME RUHBERG. Ich gestehe, daß es mich einigermaßen befremdet –

OBERKOMMISSÄR. Nur Geduld, ich weiß, Sie nehmen Raison an. Sehen Sie – jeder Vater hat Aussichten für seine Kinder, und Entwürfe, wie sie zu Brot und Ehre gelangen sollen – so mochte ich denn nun für meinen Sohn auch ein Projektchen gehegt und gepflegt haben – dem diese Heirath schnurstracks entgegen lief. Ja – und da werden Sie pardonniren, daß ich Anfangs diese Heirath nicht gern sah. He – was sagen Sie?

MADAME RUHBERG. O ja – der Fall ist mir wohl begreiflich. *Mit Beziehung auf sich.*

OBERKOMMISSÄR. So sehr ich mich denn nun Anfangs alterirt hatte
– denn sehen Sie, der Junge hat mir noch in seinem Leben nicht so
die Spitze geboten – – so dachte ich doch bald darauf: »Das Mädchen
ist brav – ist ein honnetes Haus – den einzigen Sohn hast du ja nur
– sie ist ihm nun einmal an die Seele gewachsen, zudem hat er sein
Wort gegeben – Wort muß man halten – ich habe in meinem Leben
noch kein Wort gebrochen, und sollte Schuld sein – Nein« – Genug
ich gab mich drein. So steht die Sache nun. Wenn Sie beide Eltern
nun Ihre Einwilligung geben wollen, so ist die Sache richtig.

RUHBERG VATER. Sie sind ein biederer rechtschaffener Mann. Ich
gebe meine Einwilligung.

MADAME RUHBERG. Ich die meinige.

OBERKOMMISSÄR. Nun, das wäre also richtig – aber – je nun es
wird sich auch wohl geben.

RUHBERG VATER. Was hätten Sie noch?

SEKRETÄR. Mein Vater –

OBERKOMMISSÄR. Ja, wenn ich wüßte – ich kann nicht eher froh
sein, bis ich es gesagt habe.

MADAME RUHBERG *gütig.* O zögern Sie nicht –

OBERKOMMISSÄR. Wahrhaftig? – Ich soll sprechen? – ja es betrifft
aber gerade Sie –

MADAME RUHBERG. Um so mehr bitte ich – haben Sie Vertrauen
auf mich –

OBERKOMMISSÄR *äußerst gütig.* Sehen Sie nur nicht auf die Worte,
die weiß ich nicht zu setzen, aber ich meine es wahrlich gut.

RUHBERG VATER. Guter Mann!

MADAME RUHBERG. Wahrheit – zum Glück meiner Kinder, thut
nicht weh.

OBERKOMMISSÄR. Brav! wahrhaftig brav! So billig hätte ich mir Sie
nicht vermuthet. Nun sehen Sie – Ihr Haus? Ist ein Haus, dessen
Verwandtschaft Ehre macht. Aber – nehmen Sie mir es nicht übel
– Ihre Lebensart ist mir zu groß. Darum bitte ich Sie nun herzlich
– lassen Sie die Kinder fein bürgerlich zusammen haushalten. Nicht
groß. Höre ich von Ab- und Zufliegen der jungen Herren, von
Spieltischen, Lästerkompagnien, niedlichen Soupees und lustigen
Partien, so weiß ich, daß es mit meinem Sohn zu Ende ist, dann
gräme ich mich und gehe d'rauf.

MADAME RUHBERG. Ich wünsche meine Tochter glücklich – ich werde ihr mütterlich rathen, alle diese Dinge zu vermeiden. Auch –

OBERKOMMISSÄR. Liebe, scharmante Frau – Mein Gott, wie verkennt man die Frau – Nun freu ich mich der Heirat erst, da Sie so brav – so herzensbrav sind. Gott weiß, ich habe mich vor Ihnen gefürchtet. Ei, ei, ich habe Ihnen Unrecht gethan – so wahr ich lebe – großes Unrecht.

RUHBERG VATER. Sie kannten sich beide nicht.

OBERKOMMISSÄR. Ei wir wollen manchen langen Abend zusammen verplaudern – sieh! sieh! – verschafft mir mein Karl noch so ein Paar herzgute Freunde, ehe ich aus der Welt gehe. *Er drückt beiden die Hände.* Und nicht wahr, ich darf kommen in meinem Alltagsrock?

MADAME RUHBERG. Darf ich das Ihnen noch beantworten!

OBERKOMMISSÄR. Ja, *den* Rock habe ich nicht getragen, seit den neun Jahren, da unser Durchlauchtigster Prinz heirathete – und weil ich Sie noch nicht kannte, habe ich ihn heut angezogen. Geschieht nicht wieder!

MADAME RUHBERG *weint, und umarmt Louisen.*

RUHBERG VATER. Was haben Sie?

MADAME RUHBERG. Soll ich nicht weinen? *Zum Oberkommissär.* Ach mein Herr, meine Tochter – meine gehorsame Tochter kommt zu Ihnen, wie – wie –

OBERKOMMISSÄR. – Was –

MADAME RUHBERG. Eine Bettlerin –

RUHBERG VATER. Ja, mein Herr – mit nichts, mit gar nichts – kommt sie zu Ihnen. – Mein ist die Schuld – dies peinliche Bekenntniß ist die geringste Buße für meinen Eigensinn in einer schwächlichen thörichten Maxime. Ich ließ sie zur Bettlerin werden.

OBERKOMMISSÄR. Bettlerin – mit einem Herzen für die Noth von Tausenden? – Meine Kinder, ich trete euch meinen Dienst ab, und das wenige, was ich habe! – Mädchen – füttere mich zu Tode, hörst du?

LOUISE. Mein Vater –

MADAME RUHBERG. Ach, ich arme Mutter!

OBERKOMMISSÄR. Ich bin alt – schlecht und recht – brauche nicht viel, und kann auch noch weniger brauchen lernen. Gebt mir ein

Kämmerlein unter dem Dache – aber meine Kinder müssen gut wohnen.

MADAME RUHBERG. Sie pressen mir Thränen aus –

OBERKOMMISSÄR. Großen Ton *hasse* ich. Aber wenn den Leuten eine Bequemlichkeit des bürgerlichen Lebens abginge, wenn sie Mangel an stiller Hausfreude hätten, wenn ihnen nicht so viel übrig blieb, mit einem guten redlichen Freund des Lebens sich zu freuen, hie und da einen Elenden zu erquicken, einen Jammernden aufzurichten, so wollte ich auf Stroh schlafen, mir es am Munde abdarben, wollte Kinder unterrichten und abschreiben – bis sie hätten, daß sie so leben könnten.

MADAME RUHBERG. Gott sei Dank – für Ihr Herz und Ihre Verwandtschaft.

OBERKOMMISSÄR. Ob's ihnen gleich nicht übel gehen soll.

RUHBERG VATER. Nun meine Liebe, werden Sie nun fröhlich sein an meinem Familienfeste?

MADAME RUHBERG. Ach – wäre Eduard nur auch so glücklich!   76

RUHBERG VATER. Wird auch werden! – Nun meine Kinder! *Sie nähern sich.* Wir sind einig. Junger Mann – ich gebe Ihnen hier meine Tochter. – Machen Sie sie glücklich – sie ist ein gutes Kind.

MADAME RUHBERG. Mein Herr – sein Sie doch immer dieses Hauses eingedenk. Louise – vergiß deine Mutter nicht, und wenn es euch gut geht – vergeßt eures Bruders nicht. Seid ihm Rathgeber und Stütze, wenn wir auch nicht mehr sind – so wird euch Gott segnen.

RUHBERG VATER. Ja darum bitte ich Sie, und auch Sie, würdiger Mann!

OBERKOMMISSÄR. Von Herzen – zwar hätte ich bei der Gelegenheit – indeß ein andermal.

SEKRETÄR. Gott sei mein Zeuge, Sie sollen sich in keiner Erwartung getäuscht finden, mein Vater – Liebe Mutter – Sie werden Ihre Tochter glücklich sehen. Eduard, dem Freunde meiner jüngern Jahre – nun meinem Bruder – verspreche ich Brudertreue bis in den Tod.

LOUISE *zum Oberkommissär.* Werden Sie Ihre Tochter lieben? an ihren kindlichen Diensten Freude haben, lieber Vater?

OBERKOMMISSÄR. Ja, meine Tochter!

LOUISE. Ihre Freude, Ihr Zeitvertreib wird mein einziger Gedanke sein.

OBERKOMMISSÄR. Ja! liebes Kind, wollen Sie sich meiner annehmen? – Gott thut mir viel Gutes! Verlor mein liebes Weib, und hatte niemand, der mein Alter pflegte und mir zusprach, wenn die Last zu schwer wurde – und habe nun so eine herrliche Schwiegertochter – und was mir die größte Freude macht, sie hat gerade die Art deiner seligen Mutter wenig Worte – aber das Herz im Auge – so ein Herz, von dem man Trost nehmen kann in dieser unruhigen Welt – Meine gute Charlotte, wenn du noch da wärest! – wenn du wüßtest, daß mir's noch so gut geht, nehmt mir's nicht übel – ich muß weinen – wenn ich an die gute Frau denke – sie war gar zu gut –

RUHBERG VATER. Weinen Sie. Es ist ein tröstender Gedanke – daß der Platz, wo ein guter Mensch heraus trat – nach langen Jahren noch offen steht – und daß dem Weisen diese Lücke noch spät eine Thräne kostet.

LOUISE. Erzählen Sie mir oft von ihr; nach Ihrem Beispiel, und dem Ihrigen, liebe Mutter – will ich lernen, meinen Karl glücklich zu machen.

RUHBERG VATER *Pause*. Ist's doch Schade, daß wir so alt sind – die Kinder werden glücklich sein und wir sehen es nicht lange mehr. *Kleine Pause, niemand bewegt sich.*

MADAME RUHBERG. Wer weiß, wie lange wir noch so beisammen sind? – *Eine größere Pause.*

OBERKOMMISSÄR. Lieben Leute, das wird meinem Herzen zu viel. Gott segne euch, seid glücklich. Nun Herr Kollega, kommen Sie an unser Geschäft. Das sag' ich euch: wenn wir wieder kommen – und es spricht mir einer noch von Tod und Sterben – den schicke ich fort! – Nun kommen Sie. Nach der Arbeit ist gut ruhen. Diesen Abend wollen wir lustig sein. *Er will immer gehen, seine Fröhlichkeit steigt aber und macht ihn wiederkommen.* Madame – unter uns, ich habe von Musikanten gehört; von einem alten Manne, der, wenn's darauf ankäme, keinen Spaß verdürbe, und von einer braven lieben Frau, die ihm den Ehrentanz nicht abschlüge.

Oberkommissär und Ruhberg V. gehen ab.

Vierter Auftritt.

Madame Ruhberg. Louise. Sekretär Ahlden.
Eine kleine Pause.

MADAME RUHBERG. Lieber Sohn, was haben Sie für einen würdigen Vater!

LOUISE. Ja wohl.

SEKRETÄR. Er ist von strenger Redlichkeit, dann und wann zu gerade hin – aber gut wie man nur gut sein kann.

LOUISE. Habe ich nicht gut gewählt, liebe Mutter?

MADAME RUHBERG. Wohl hast du das! Ihr Herr Vater und ich, wir haben einander sehr verkannt. – Ich fürchte, er wird mich noch oft verkennen.

SEKRETÄR. Haben Sie vergessen, in welcher Ergießung seines Herzens er Ihnen vorhin Gerechtigkeit widerfahren ließ?

MADAME RUHBERG. Ich möchte diese gute Meinung so gern erhalten, aber ach – das sind für euch so glückliche Stunden, und ich kann euch meinen Kummer nicht verbergen –

SEKRETÄR *ihre Hand küssend.* Wollten Sie das vor Ihren Kindern?

MADAME RUHBERG. Thränen zu eurer Freude!

LOUISE. Freude bei meiner Mutter Thränen?

MADAME RUHBERG. Wo ist er, was macht er?

SEKRETÄR. Ich verstehe Sie –

LOUISE *geht hinaus.*

MADAME RUHBERG. Aber fühlen können Sie es wahrhaftig nicht, was in mir vorgeht. Wo ist er, warum ist er nicht hier? Heut nicht? *jetzt* nicht? – Es muß etwas mit ihm vorgehen.

SEKRETÄR. Was könnte –

MADAME RUHBERG. Das ist's eben – ich fühle alles, was sein *könnte,* und zittere vor dem, was *ist.* Er liebt seine Schwester unbegränzt, und ist nicht da!

SEKRETÄR. Vielleicht –

MADAME RUHBERG. Er hatte obendrein versprochen, da zu sein, er hält sonst fest auf sein Wort, *Sehr bekümmert.* und ist nicht da!

SEKRETÄR. Wer weiß, ob nicht –

MADAME RUHBERG. Nicht wahr – Sie können nichts sagen –

LOUISE *kommt wieder.*

MADAME RUHBERG. Ist er noch nicht da?

LOUISE. – Nein –

MADAME RUHBERG. – So viel Unruhe zu einer Zeit, wo jede Klei-
nigkeit, alles – auf das ganze Leben bestimmt. – Es gehet so vieles
gegen meine Erwartung – ich hätte gern alles gut gemacht, und habe
alles schlimm gemacht. – Wie viele Eltern sind in dem Fall, das *erfüllt*
zu glauben, was sie für ihre Kinder wünschen – und wie wenige
werden mir verzeihen.

SEKRETÄR. Sein Sie gewiß, die Thaten des Mannes werden die Verir-
rungen des Jünglings verdunkeln.

Fünfter Auftritt.

Vorige. Ruhberg Sohn.

LOUISE. Da ist er.

RUHBERG DER SOHN. Komm ich vielleicht zu spät?!

MADAME RUHBERG. Es wäre zu spät, weil es nicht zu früh war –
geschweige daß –

RUHBERG DER SOHN. Es ist mir leid; aber ich hatte unumgänglich
auszugehen, und wurde an einigen Orten sehr aufgehalten – war
der Baron Ritau noch nicht da?

LOUISE. Nein!

RUHBERG DER SOHN. Nicht? – Sonderbar!

MADAME RUHBERG. Hast du noch nicht Antwort erhalten?

RUHBERG DER SOHN. Nein!

MADAME RUHBERG. Das dauert lange –

RUHBERG DER SOHN. Je nun – trösten wir uns mit dem Sprichwort –

LOUISE. Vor aller Eilfertigkeit wirst du des fremden Herrn nicht gewahr –

RUHBERG DER SOHN. Mein lieber Bruder! *Umarmt Ahlden, zu den
andern.* Wir haben uns schon gesprochen –

MADAME RUHBERG. Eduard, wenn du doch da gewesen wärst, du
hättest einen vortrefflichen Mann kennen gelernt.

RUHBERG DER SOHN. Wen?

LOUISE. Meinen zweiten Vater.

RUHBERG DER SOHN. Ah – wo ist er und mein Vater – wo sind sie?

MADAME RUHBERG. Er war so zufrieden mit deiner Schwester, so vergnügt, so gerührt, er hat Thränen vergossen. Wir wurden alle so schwermüthig – die Sache fing an eine so traurige Wendung zu nehmen – das wurde dem guten Manne zu viel – auf einmal brach er ab, und – eines Theils war es schon vorige Woche verabredet, dann auch- um sich zu zerstreuen – sie sind eben bei der Kassenübergabe begriffen.

RUHBERG DER SOHN. Mein Gott!

MADAME RUHBERG. Was ist's?

LOUISE. Was hast du?

RUHBERG DER SOHN *schon gemäßigt.* Bei der Kassenübergabe, sagen Sie?

MADAME RUHBERG. Ja!

LOUISE. Warum findest du das so sonderbar?

RUHBERG DER SOHN. Ei – denken Sie nur selbst – heut – Geschäfte, *Mit Beziehung.* es ist sehr sonderbar!

SEKRETÄR. Ja, da ist so seine Art und Weise – es war vorige Woche auf heut bestimmt, und in seiner Zeitrechnung thut er sich allemal viel darauf zu Gute – wie er sagt, zwei Fliegen mit einem Schlage zu treffen.

RUHBERG DER SOHN *ganz entfernt von den Uebrigen.* O mein Gott!

SEKRETÄR. Dagegen werden Sie sehen, wie er heute lustig sein wird, dem Jüngsten zum Possen. – Wenn er seinen Dienst gethan hat, scheint er ganz ein anderer Mensch.

Sechster Auftritt.

Vorige. Hofrath Walther. Hofräthin.

MADAME RUHBERG. Schmälen muß ich mit Ihnen, lieber Vetter – so spät! – ist das freundschaftlich?

HOFRATH. Die Schuld meiner Frau – noch eigentlich aber, die liebe Gewohnheit ihres Geschlechts, nie mit dem Putz fertig zu werden!

HOFRÄTHIN *zu Madame Ruhberg.* Ich habe Louisen mein herzliches Kompliment über ihre Wahl schon gemacht.

HOFRATH. Ja – es wird ein glückliches Paar –

SEKRETÄR. Die Prophezeiung kommt von einem glücklichen Paare.

HOFRATH. Nun Cousin Eduard, warum so still –

RUHBERG DER SOHN. Die Folge eines stechenden Kopfschmerzens – weßwegen ich auch auf mein Zimmer – *Will fort.*

HOFRÄTHIN *ihn aufhaltend.* Das glaubt ihr dem jungen Herrn auf sein Wort? – ich nicht. Es ist zu still bei uns –

RUHBERG DER SOHN *ahnend.* Es wird lebhafter werden!

HOFRÄTHIN. Indeß – ungerechnet des stechenden Kopfschmerzens, ungerechnet daß viele Damen über mich zürnen werden – ich rechne auf Sie, als auf meinen Gesellschafter.

RUHBERG DER SOHN. Sie werden schlechte Unterhaltung finden!

HOFRATH. Du darfst stolz sein, wenn du den Vetter eine Stunde behältst. Er ist als unbeständiger Gesellschafter bekannt.

Von innen wird etliche Mal stark geklingelt.

OBERKOMMISSÄR *ruft.* Zu Hilfe, zu Hilfe!

MADAME RUHBERG. Allmächtiger Gott!

RUHBERG DER SOHN. Ich bin verloren!

SEKRETÄR. Was ist –

HOFRATH UND HOFRÄTHIN. Wer ruft?

Mutter, Tochter, Sekretär Ahlden lausen nach der Thüre – Ruhberg Sohn steht ihnen gräßlich nach Hofrath und Frau stehen erschrocken, niemand betrachtet Ruhberg der Sohn, als sie an der Thüre sind, stürzt der.

Siebenter Auftritt.

Oberkommissär. Vorige.

OBERKOMMISSÄR *ihnen entgegen.* Zurück! – Mein Sohn, den Arzt, schnell – den Arzt! –

MADAME RUHBERG. Mein Mann – mein Mann!

LOUISE. Ach Gott, mein Vater!

OBERKOMMISSÄR. Lauf, um Gotteswillen – lauf!

SEKRETÄR *geht ab.*

MADAME RUHBERG. Was ist meinem Manne zugestoßen?

OBERKOMMISSÄR. Eine starke Ohnmacht – haben Sie Salz bei sich?

MADAME RUHBERG. Ja doch – ja. *Will hinein.*

OBERKOMMISSÄR. Bleiben Sie zurück!

MADAME RUHBERG. Wie –

OBERKOMMISSÄR. Es kann nicht sein.

MADAME RUHBERG. Ich sollte nicht – wie –

OBERKOMMISSÄR. Das Salz her! – da, Herr Hofrath – auf Pflicht und Eid Ihres Dienstes lassen Sie niemand hinein. – Niemand, wer es auch sei.

LOUISE. Mein Vater –

HOFRATH. Aber –

OBERKOMMISSÄR. Er geht nicht – hinein! *Er treibt ihn hinein, Madame Ruhberg hält er ab, und schließt zu.* So, Frau Hofräthin – wollen Sie besorgen, daß niemand aus dem Hause geht und in's Haus kommt – als mein Sohn und der Doktor? Verhüten Sie alles Laufen und Fragen der Domestiken.

HOFRÄTHIN *geht ab.*

MADAME RUHBERG. Um Gottes willen, warum soll ich nicht zu meinem Mann –

OBERKOMMISSÄR. Still nur – still nur –

LOUISE. Lassen Sie mich zu meinem Vater.

OBERKOMMISSÄR. Madame, an der Kasse fehlen fünftausend Reichsthaler in Louisd'or.

MADAME RUHBERG. Mein Gott!

LOUISE. Was sagen Sie?

RUHBERG DER SOHN *fährt zusammen.*

Pause.

MADAME RUHBERG. Sagen Sie wahr?

OBERKOMMISSÄR. Gezählt – gefehlt – gezählt und *wieder* gefehlt!
– da lag Ihr Mann wie todt zur Erde – ich sage wahr.

RUHBERG DER SOHN *verzweifelnd.* Mein Vater – mein Vater! *Rennt nach der Thür, kommt zurück zum Oberkommissär.* O lassen Sie mich hinein, nur einmal noch ihn sehen, lassen Sie mich hinein! – mein ganzes Leben für eine Minute bei meinem Vater! ich will seinen fliehenden Geist aufhalten – *Er rennt an die Thüre, wirft sich nieder.* Vater, mein Vater, hörst du mich nicht?

LOUISE. Lebt er noch – o Gott, lebt er noch?

OBERKOMMISSÄR. Still Kinder, schreckt den Mann nicht auf! Zurück junger Herr – hieher! – nicht gewinselt, nicht geklagt; nicht geheuchelt; Rede und Antwort!

RUHBERG DER SOHN. Ja – ja!

OBERKOMMISSÄR. Wo ist da Geld hin, Madame? –

MADAME RUHBERG. Weiß ich –

OBERKOMMISSÄR. Da frag ich Sie, die weiß, was im Hause vorging, die weiß, was außer dem Hause aufging.

Achter Auftritt.

Vorige. Sekretär Ahlden. Hernach der Hofrath.

SEKRETÄR. Der Doktor wird gleich hier sein – wie steht's? –

LOUISE. O schlecht!

MADAME RUHBERG. Was haben Sie gefragt? – ich weiß es nicht. – Bei Gott, ich weiß es nicht! –

OBERKOMMISSÄR. Nicht? – Wollte Gott, ich müßte es nicht wissen! O du gutherziger Thor – bist so oft betrogen, und wirst doch wieder gefangen!

MADAME RUHBERG. Ach Gott, ich bin von mir – ich zittere an allen Gliedern – helft mir doch aufstehen –

SEKRETÄR UND LOUISE *helfen ihr.*

SEKRETÄR. Mein Gott, was ist denn vorgegangen? – reiß mich aus dieser Angst.

OBERKOMMISSÄR *der unterdessen auf und nieder gegangen war, trocknet sich die Stirne mit dem Tuch.* Mich so in die Falle zu locken! Wartet, ich will euch das Spielchen verderben! Also zur Sache – Es ist ein Hausdiebstahl, dann –

SEKRETÄR. Was für ein Diebstahl?

OBERKOMMISSÄR. Denn die Kasse ist nicht erbrochen, noch beschädiget.

SEKRETÄR. Was für eine Kasse?

OBERKOMMISSÄR. Die Rentkasse, fünftausend Reichsthaler fehlen.

SEKRETÄR. Heiliger Gott!

OBERKOMMISSÄR. Also Madame, und Sie junger Herr, sagen Sie mir, kann die Summe ersetzt werden? – so – so ist's gut – so will ich nicht sehen, was ich sehe.

MADAME RUHBERG. Ach Gott, nein! – ja – vielleicht. Bringen Sie uns nicht zur Verzweiflung.

HOFRATH *aus dem Zimmer sehend.* Still; kein Geräusch, er fängt an, sich wieder zu erholen. *Geht wieder hinein.*

OBERKOMMISSÄR. Also nicht ersetzt werden? – Gut! *Gewaltsam an sich haltend.* Es ist ein *Hausdiebstahl;* sagen Sie mir, auf wen Sie Vermuthung haben, ehe ich öffentlich untersuche.

MADAME RUHBERG. Wollen Sie uns in's Verderben stürzen?

OBERKOMMISSÄR. Zum letzten Male, Madame – ich frage wahrhaftig zum letzten Male, vermuthen Sie was? *Stärker. Wissen* Sie was?

MADAME RUHBERG. So soll Gott nichts von mir wissen!

OBERKOMMISSÄR. O wünschen Sie, daß er nichts von Ihnen wüßte –

MADAME RUHBERG. Wie wollen Sie –

OBERKOMMISSÄR. Nein, ich kann nicht mehr – es frißt mir das Herz ab. Mich so zu locken, mich weich zu machen, um – Verdammt sei mein Herz – wenn ich euch nicht dafür züchtige.

MADAME RUHBERG. Ach Gott, mein Herr, ich schwöre –

OBERKOMMISSÄR. Da liegt der gute Mann, er soll das Opfer von Lügnern, Betrügern und Dieben sein. Nein, bei Gott, er soll *nicht.* Ich will euch seine Ehre aus den Klauen reißen – seine Leiche soll in Frieden zur Ruhe kommen.

SEKRETÄR. Aber mein Vater! – ich kann nicht zu mir selber kommen.

OBERKOMMISSÄR. Da sieh hin – sieh den an, dem steht's auf der Stirne, was die Mutter verläugnet.

MADAME RUHBERG. Gerechter Gott!

OBERKOMMISSÄR. Sie habens! –

MADAME RUHBERG. Ich?

OBERKOMMISSÄR. Sie – Sie, Sie! Ich will es schreien, bis Ihr gottloses Gewissen erwacht.

LOUISE. Arme Mutter –

SEKRETÄR. Mein Vater –

RUHBERG DER SOHN. Ich bin's –

MADAME RUHBERG. Was?

LOUISE. Großer Gott!

OBERKOMMISSÄR. So?

SEKRETÄR. Ich ahnete es.

RUHBERG DER SOHN. – Ja, ich bin's! ich bin vom Schicksal hinge-
trieben; ich bin bei den Haaren hingerissen – ich bin vom Teufel
hingeführt. Ergehe über mich, was die Gerechtigkeit will, der Fluch
des Vaters und der Mutter – ich bin's!

LOUISE. Weh' uns!

SEKRETÄR *zu Mad. Ruhberg.* Mein Gott, wie ist Ihnen? – reden Sie
doch!

MADAME RUHBERG. Niederträchtig handelt mein Blut nicht. *Zum
Oberkomm.* Lassen Sie ihn hinführen, wo Sie wollen – er ist mein
Sohn nicht – er werde ein öffentliches Opfer der Gerechtigkeit, mich
kostet es keine Thräne.

OBERKOMMISSÄR. Mich führt ihr nicht an! – Sie kannten die Gesell-
schaften, die er frequentirte, Sie wußten seine Ausgaben – Sie haben
auch um *das* gewußt.

MADAME RUHBERG. Ueber Ihren niedrigen Angriff bin ich erhaben!
– Sie zertreten mich elende Mutter – Gott behüte Sie für Reue.

OBERKOMMISSÄR. Lachen Sie, Madame – den Muth nicht verloren!
– Sie haben ihn erzogen, Sie haben das stolze Herz erzogen, lachen
Sie –

SEKRETÄR. Mein Vater, um Gottes willen Mäßigung, lassen Sie uns
die Sache verbergen!

Neunter Auftritt.

*Die Hofräthin führt den Doktor durch's Zimmer in's Kabinet.
Vorige.*

OBERKOMMISSÄR. So? hast du auch darum gewußt? haben sie dich
durch Liebe bestochen? Habt ihr mich zum Opfer des Komplots
machen wollen?

SEKRETÄR. Mein Gott, wie kommen Sie auf den Gedanken?

LOUISE. Bester Vater, verkennen Sie uns denn ganz?

OBERKOMMISSÄR. Schwiegervater meint ihr, muß Eid und Pflicht
vergessen? – Gut, mich sollt ihr nicht überlistet haben! – Ich kassire
die Heirath.

SEKRETÄR. Nimmermehr – Sie wollten –

LOUISE. O Gott!

OBERKOMMISSÄR. Ich kassire die Heirath!

SEKRETÄR. So wahr Gott lebt, diese Verbindung ist fest.

MADAME RUHBERG. Meine unschuldige Tochter!

OBERKOMMISSÄR. Ich will keine Verbindung mit stolzem Gesindel.

MADAME RUHBERG *fällt entkräftet in einen Sessel.*

RUHBERG DER SOHN. Herr, beschimpfen Sie mich, – martern Sie mich – morden Sie mich – Ich verdiene alles – aber wenn Sie meine Mutter ferner mißhandeln, Herr, zittern Sie!

LOUISE. Bruder, Bruder!

RUHBERG DER SOHN. Ich habe nichts mehr zu verlieren.

OBERKOMMISSÄR. Brav, brav, thue als ob du ehrlich wärst – brav!

RUHBERG DER SOHN. Sagen Sie *mir,* was Sie wollen, wenn Sie meine Mutter mißhandeln, so achte ich nicht meines Verbrechens, nich Ihres Alters – vergesse mich – die Welt – alles!

SEKRETÄR. Rasender! –

LOUISE *hält ihren Bruder auf.* Karl, führe deinen Vater weg –

OBERKOMMISSÄR. Ich will gehen – hängen sollst du nicht, aber –

MADAME RUHBERG *springt auf und umfaßt ihn.* Um des barmherzigen Gottes willen!

OBERKOMMISSÄR. Aber meinen letzten Heller vermache ich für deine Versorgung im Zuchthause, Mörder! *Reißt sich los und geht.*

Zehnter Auftritt.

Ruhberg Vater, vom Hofrath und Doktor geführt.

RUHBERG VATER *ist entkleidet, vom Doktor geführt, tritt in die Thüre.* O meine Kinder!

Hier muß der Vorhang schon im Fallen sein.

RUHBERG DER SOHN *stürzt vor seinem Vater nieder, den die Mutter in ihren Armen hält.* Mein Vater, verfluchen Sie mich nicht!

SEKRETÄR. Bleiben Sie, Vater. *Geht ab.*

LOUISE *ihm nach.* Karl, rette uns!

Fünfter Aufzug.

Zimmer des alten Ruhberg.

Erster Auftritt.

Louise. Madame Ruhberg.
Im Hintergrunde steht ein Koffer, halb gepackt einige Kleider hängen
auf Stühlen, Madame Ruhberg will nach dem Kabinet ihres Mannes,
Louise kommt heraus und führt sie vor.

LOUISE. Wohin wollen Sie?

MADAME RUHBERG. Zu ihm, zu ihm! –

LOUISE. Schonen Sie seiner, er hat sich kaum erholt.

MADAME RUHBERG. Grausames Kind, du reißest mich von ihm!

LOUISE. Um Ihrer Ruhe willen.

MADAME RUHBERG. Ruhig – ich ruhig? Ja, wenn ich leiden könnte
für ihn, wenn es ein Mittel gäbe für meine Schuld zu büßen! *Sie*
reißt sich los und geht an die Thüre. Es ist verschlossen – ach er hat
sein Herz vor mir verschlossen.

LOUISE. Der Doktor wird verschlossen haben, wir sollen ihn etwas
ruhen lassen. Ach mein armer Vater leidet auch für Sie. Nicht *einen*
Vorwurf hat er Ihnen gemacht.

MADAME RUHBERG. Nein – o nein! Jeder Blick war Liebe und Güte;
um Ehre und Leben hab' ich ihn gebracht – und jeder Blick war
Liebe und Güte.

LOUISE. Liebe Mutter, gehen Sie wieder auf Ihr Zimmer.

MADAME RUHBERG. Wird mir dort leichter sein? wird mein Gewissen mir dort weniger sagen?

LOUISE. Ach, er hört Sie doch nicht – hört doch Ihre Klagen nicht!

MADAME RUHBERG. Er muß sie hören – wird –

LOUISE. Ich bitte Sie.

MADAME RUHBERG. Ich habe ihn elend gemacht, und stilles Dulden
ist seine Rache! O! daß er hart wäre – grausam – *Wehmüthig.* War
er denn nie hart gegen mich? – war er nie? – Nein, nie! niemals! O

daß er meiner Reue spottete, meiner Thränen lachte, daß er mich von sich stieße –

LOUISE. Liebe Mutter, Ihr Jammer vergrößert sein Elend. –

MADAME RUHBERG. Aber ich schwur, jedes Leid mit ihm zu theilen bis in den Tod. Diesem theuern heiligen Rechte kann ich nicht entsagen –

LOUIS. Ich verzweifle noch nicht an Hilfe; der Baron ist noch nicht zurück; der alte Ahlden wird sich erweichen lassen. 91

MADAME RUHBERG. O nimmer, nimmer, du stehst ja, er kommt nicht zurück.

LOUISE. Karl wird seinen Vater nicht verlassen, bis er uns rettet – ich kenne sein Herz.

MADAME RUHBERG. Der Baron ist nicht zu finden – *Die Hände ringend umher.* wir sind verloren – wir sind verloren. Wenn es bekannt wird – Mann oder Sohn dem schändlichsten Tode – Es ist aus – alles ist vorbei – dies Haus gehet zu Ende!

LOUISE. Um uns'rer Glückseligkeit willen – fassen Sie sich!

MADAME RUHBERG. Glückseligkeit? – Hoffnung? Das ist vorbei, gutes Kind, auch dein Glück hat abgeblüht; bist du nicht meine Tochter? Die Schwester des Diebes? *Eine* Schmach ruht auf allen. Du warst Braut – Du bist es nicht mehr. Unglück trennt Verwandte und Liebe.

LOUISE. Thun Sie seinem Herzen nicht weh. Meine Rechte auf Ihren Kummer sind auch ihm heilig.

MADAME RUHBERG. Wer achtet auf die Thränen einer unglücklichen Mutter! Armes Mädchen, du standst auf dem Gipfel der Glückseligkeit – ich habe dich zurück gestoßen. Elend lasse ich dir zum Erbtheil; in einem dürftigen verachteten Alter wirst du deine Mutter verfluchen!

LOUISE. Nie, o nie! – ich entsage allem, ich will Sie nie verlassen. Ich will Ihres Alters pflegen. Bin ich denn Ihre Tochter nicht? Können die Thränen Ihrer Louise denn gar nichts erleichtern? Nichts kann ich mit Ihnen theilen, als mein Herz – o liebe Mutter, verachten Sie es nicht!

MADAME RUHBERG. Das sagst *du* mir? Du, die ich hintangesetzt habe, bist meine Stütze, da mich alles verläßt? *Christian kommt aus dem Kabinet, sie sieht es, und geht schnell hinein.* Gott mache dich zu einer glücklichern Mutter, als ich bin. 92

Zweiter Auftritt.

Louise. Christian.

LOUISE. Ist mein Vater erwacht?

CHRISTIAN. Gleich wie Sie hinaus waren. – Der Doktor hat mich schon ein paarmal gefragt: »Was denn im Hause vorging, warum der alte Herr so erschrocken wäre?«

LOUISE. Er hat ihm doch nicht gesagt –

CHRISTIAN. Ei behüte! – »Es wären Nachrichten von der Madame ihrem Bruder aus Berlin eingegangen,« sagte ich: – »von einem großen Unglücksfall,« das habe ich auch den Leuten im Hause gesagt.

LOUISE. Wenn doch der Sekretär da wär'! – schicke Er gleich wieder hin.

CHRISTIAN. Erlauben Sie, das macht Aufsehen. Nach dem alten Oberkommissär ist auch schon dreimal geschickt; er ist aber nicht zu finden. – Wenn es nur hier nicht immer so unruhig wäre. – Der Herr ist etliche Mal sehr erschrocken, als er der Madame ihre Stimme hörte; wir haben ihn in das Eckzimmer gebracht; dort hört er doch nicht, was hier vorgeht.

LOUISE. Wenn mein Bruder wieder kommt, sage Er ihm, daß mein Vater ihn jetzt durchaus nicht sprechen kann. *Geht in's Kabinet.*

CHRISTIAN. – Ich weiß schon – Ich habe es wohl gesehen wie – *Packt am Koffer.* Daß ich das in dem Hause noch erleben muß!

Dritter Auftritt.

Ruhberg Sohn. Christian.

RUHBERG DER SOHN *in einem Oberrock oder simpeln Frack, gestiefelt – geht gerade auf das Kabinet zu – da er es aber verschlossen findet nach einigem heftigen Umhergehen.* Christian!

CHRISTIAN. Was befehlen Sie?

RUHBERG DER SOHN. Hast du meinen Vater gesehen?

CHRISTIAN. – Ja –

RUHBERG DER SOHN. Was macht er?

CHRISTIAN. Ach! –

RUHBERG DER SOHN. Sah er noch so blaß aus?

CHRISTIAN. – Leider – ja –

RUHBERG DER SOHN. Schien er nicht etwas mehr Kräfte zu haben?

CHRISTIAN. – Nein, wahrlich nicht! –

RUHBERG DER SOHN. Was sagt der Doktor?

CHRISTIAN. Ach Gott, fragen Sie mich nicht – *Geht wieder zu dem Koffer.*

RUHBERG DER SOHN. Was machst du da! – was packst du da? – Das sind ja meine Sachen! – Wozu das?

CHRISTIAN. Weiß nicht – der Herr hat mir es befohlen – ich soll mich eilen.

RUHBERG DER SOHN. Weißt du nicht weßwegen?

CHRISTIAN. Gar nicht.

RUHBERG DER SOHN. Hat es dir mein Vater selbst befohlen?

CHRISTIAN. Ja!

RUHBERG DER SOHN. War er zornig, als er dir es sagte?

CHRISTIAN. Gar nicht – »Bring alles Gewehr weg auf mein Zimmer, verschließe das Haus und packe meines Sohnes Sachen ein« – als er das gesagt hatte, drehte er sich um – ich hatte ihm eben nichts angemerkt – der Doktor saß in der Ecke an dem großen Glasschranke – er ging mit gefalteten Händen ruhig die Stube auf und ab – ich gehe, – auf einmal höre ich schluchzen – ich – ich drehe mich um – »Christian« – sagte er leise zu mir, – »sag' ihm, er solle die Hand nicht an sich selbst legen.« –

RUHBERG DER SOHN *wirft sich in einen Stuhl.*

CHRISTIAN. Dann trocknete er sich die Augen, und sagte ganz freundlich – »Geh', mein guter Christian!« – Ach es war ein Anblick zum Erbarmen.

RUHBERG DER SOHN *springt auf.* Ich muß ihn sprechen –

CHRISTIAN. Um Gottes willen nicht –

RUHBERG DER SOHN. Was willst du?

CHRISTIAN. Er hat's verboten, er will Sie nicht sprechen.

RUHBERG DER SOHN. Ich muß ihn sprechen – ich kann es nicht länger aushalten – ich muß – *Er geht hin.*

Vierter Auftritt.

Vorige. Baron Ritau.

BARON. Ah – mein Freund –

RUHBERG DER SOHN *kehrt zurück.* Ha, endlich, endlich! Christian, laß uns allein.

CHRISTIAN *geht ab.*

BARON. Ich bedaure, die Zeit wird Ihnen lang geworden sein.

RUHBERG DER SOHN. Nun sind Sie ja da. Geschwind – woran bin ich?

BARON. Aber – Sie sind ja so zerstreut –

RUHBERG DER SOHN. Lassen wir das –

BARON. Es ist, als ob Ihre Gesichtszüge nicht mehr dieselben wären.

RUHBERG DER SOHN. Nun wie stehts, haben Sie Antwort bekommen?

BARON. Ich habe sie, aber –

RUHBERG DER SOHN. Sie haben? – her damit, her –

BARON *ängstlich und gutherzig.* Aber sagen Sie mir nur, wie sich das mit –

RUHBERG DER SOHN. Die Antwort – die Antwort!

BARON. Ihrer Schwester Heirath so schnell gemacht hat.

RUHBERG DER SOHN. Die Antwort!

BARON. Ich fürchte –

RUHBERG DER SOHN. Die Antwort – Herr, wollen Sie mich rasend machen – heraus damit.

BARON *sehr verlegen.* Womit? –

RUHBERG DER SOHN. Mit dem Billet – der Antwort!

BARON. Sie ist eines Theils mündlich –

RUHBERG DER SOHN. Mündlich! – so! – Nun? –

BARON. Sehen Sie – Sie müssen die Sache nur aus dem rechten Lichte betrachten. Erstlich wissen Sie – das Fräulein ist delikat – sehr delikat – und da mag eben Ihrer Schwester Heirath beigetragen haben, daß – daß – daß –

RUHBERG DER SOHN. Weiter –

BARON. Vor allen Dingen – aber was ich doch fragen wollte, hatten Sie bei Reichberg gesagt, daß Sie den bestellten reichen Linon dem Fräulein zum Geschenke bestimmten?

RUHBERG DER SOHN. Nein, nein! – nun – vor allen Dingen?

BARON. Vor allen Dingen muß ich Ihnen sagen, daß einige Kreditoren dort waren –

96

RUHBERG DER SOHN. *Dort* waren? –

BARON. Dort waren, und Bezahlung suchten. Das Fräulein hat unter andern den reichen Linon selbst behalten, weil der Ladendiener merken ließ, daß Sie ihn für das Fräulein bestellt hätten. Auch hat sie hier diesen Wechsel von fünfzig Reichsthalern an eine alte Witwe bezahlt, welche sich dort im Hause sehr insolent aufführte. Sie überschickt Ihnen hier denselben. *Er will Ruhberg den Wechsel übergeben, dieser ohne ihn zu nehmen, hört ihm erstarrt zu.* Bester Freund, ich leide für Sie –

RUHBERG DER SOHN. Weiter!

BARON. Hier dieses Billet – aber

RUHBERG DER SOHN. Geben Sie her – *Erbricht.* »Monsieur. Der Herr Baron von Ritau hat mir *Entkräftet und ahnend.* O lesen Sie, lesen Sie weiter« –

BARON. »Monsieur, der Herr Baron von Ritau hat mir Ihr Billet übergeben. Anlangend Ihre Proposition – so ist es mir unbegreiflich, wie Sie nur daran denken können. Ich wüßte nicht, daß ich etwas gethan hätte, was Sie zu dieser Hoffnung verleitet hätte.«

RUHBERG DER SOHN. Wüßte sie nicht – sie wüßte nicht! – Das ist nicht wahr Herr, das steht nicht da! –

BARON. Leider steht es da.

RUHBERG DER SOHN. Nein, nein, es ist nicht wahr, *Sieht hinein und taumelt fast im Zimmer herum.* und wenn alle – jeder – Gott, Gott, das ist zu viel: – Weiter, weiter! –

BARON. Eine unschuldige unbedeutende Galanterie berechtiget Sie nicht zu der Hoffnung einer Mesalliance. Ihr Desastre im Spiel wird täglich bekannter, und gibt zu seltsamen Meinungen Anlaß. – – Meine Ehre befiehlt mir, Sie zu bitten, mein Haus ferner nicht zu besuchen.

97

RUHBERG DER SOHN *wirft sich in einen Stuhl.*

BARON. »Ich rathe Ihnen, das Spiel zu abandonniren, denn Sie haben keine Contenance. Uebrigens wünsche ich Ihren Affairen die beste

Tournure. Dem Herrn Baron Ritau werden Sie gefälligst meine Briefe und Portrait einhändigen.«

RUHBERG DER SOHN. – Ist das alles?

BARON *mitleidend.* – Ja –

RUHBERG DER SOHN. Nicht wahr – es ist Ihr Spaß?

BARON. Was?

RUHBERG DER SOHN. Hm – das? – Alles was Sie gesagt haben.

BARON. Leider – es ist Ernst.

RUHBERG DER SOHN. Nicht wahr, Sie haben ein anderes Billet von ihr noch bei sich?

BARON. Wahrlich nicht, ich –

RUHBERG DER SOHN. Geben Sie her –

BARON. Wollte Gott, ich hätte es –

RUHBERG DER SOHN. Geschwind! – nun! – um Gottes willen geben Sie her –

BARON. Ja, ich habe –

RUHBERG DER SOHN. Sie haben – o sehen Sie, *Ihn küssend.* sehen Sie, mein Herz sagte mir's ja wohl.

BARON. Lassen Sie mich ausreden.

RUHBERG DER SOHN. Nein doch, nein, nur her!

BARON. Sie täuschen sich gewißlich – hören Sie doch: Als ich von Ihrer Situation mit ihr sprach, schien sie – wer weiß – sie war auch vielleicht gerührt.

RUHBERG DER SOHN. O sie *war's,* sie war es *gewiß!*

BARON. Sie ging an ihre Chatouille und gab mir dieses.

98 RUHBERG DER SOHN *freudig.* Nun weiter –

BARON. – Es ist für Sie –

RUHBERG DER SOHN *ohne zu errathen.* Wozu?

BARON. Zu einigem Soulagement Ihrer Situation – Es thäte ihr leid – aber sie könnte vor der Hand nicht mehr thun.

RUHBERG DER SOHN *wie vom Schlage getroffen.* Was?

BARON. Schicken Sie es zurück –

RUHBERG DER SOHN *der auf das Papier sieht und es nimmt.* Zwanzig Louisdor? Mir? – *mir* zwanzig Louisd'or?

BARON. Bester Freund!

RUHBERG DER SOHN. Für eine zu Grunde gerichtete Familie – zwanzig Louisd'or?

BARON. Schicken Sie es zurück.

RUHBERG DER SOHN. Für einen ermordeten Vater, zwanzig Louisd'or?

BARON. Um Gottes willen, schonen Sie sich!

RUHBERG DER SOHN. Für eine gestohlene Seligkeit, zwanzig Louis'dor? Gut, ich will hin! *Sucht den Hut.*

BARON. *Was?*

RUHBERG DER SOHN. Ich will quittiren über diese Summe!

BARON. Sie werden doch nicht –

RUHBERG DER SOHN *hat den Hut gefunden. Kommen* Sie – wir wollen Rechnung halten!

BARON *umfaßt ihn.* Bleiben Sie, ich bitte Sie um Gottes willen!

RUHBERG DER SOHN. Buhlerin – verfluchte Buhlerin, so mit meinen Hoffnungen zu spielen. Teufel – Teufel – so zu locken – mich bis an die Hölle zu locken! – Rache! Rache!

99

Fünfter Auftritt.

Vorige. Madame Ruhberg.

MADAME RUHBERG. Was geht hier vor? – Ah Herr Baron!

BARON. Madame, ich übergebe Ihnen hier Ihren Sohn.

MADAME RUHBERG. Was ist denn vorge–

RUHBERG DER SOHN. Lassen Sie mich!

BARON. Er darf jetzt nicht ausgehen, ich beschwöre Sie, halten Sie ihn auf. *Geht ab.*

Sechster Auftritt.

Ruhberg Sohn. Madame Ruhberg.

RUHBERG DER SOHN. Lassen Sie mich, ich lechze nach Rache! ich will Rache haben zum Schauder für jeden weiblichen Teufel, der mit der Seligkeit eines Mannes spielt.

MADAME RUHBERG. Betrogen von ihr?

RUHBERG DER SOHN. Schändlich, fürchterlich!

Siebenter Auftritt.

Louise. Vorige.

LOUISE *aus dem Kabinet kommend.* Eduard, deine Stimme hat deinen
   Vater erschreckt – er zittert an allen Gliedern –
RUHBERG DER SOHN. Ach mein Vater! –
LOUISE. Geh' auf dein Zimmer.
RUHBERG DER SOHN. Kann ich? – kann ich? –
LOUISE. Er will dich sprechen, er will dich rufen lassen – sammle
   dich – sei nicht so heftig – ich bitte dich um Gottes willen. *Sie führt*
   ihn fort.
RUHBERG DER SOHN *indem er sich fortführen läßt.* Geläugnete Be-
   theuerungen, gelogene Liebe – Bösewicht! Vatermörder! *Er geht.*
   Verachtung, Verzweiflung und keine Rache!! *Geht ab mit Louisen.*
MADAME RUHBERG. Der letzte Streich – *das* vollendet!

Achter Auftritt.

Sekretär Ahlden. Madame Ruhberg.

SEKRETÄR *eilig.* Ist mein Vater nicht hier?
MADAME RUHBERG. Nein!
SEKRETÄR *bei Seite.* Auch nicht hier gewesen –
MADAME RUHBERG. Nein!
SEKRETÄR. Ich bin außer mir! – alle Mittel uns zu retten, schlagen
   fehl –
MADAME RUHBERG. Sagen Sie meinem Sohne, daß er fliehe –
   schnell, Augenblicks – trösten Sie meinen Mann. *Geht ab.*
SEKRETÄR. Trösten soll ich dich, und habe selbst keinen Trost als
   Verzweiflung.

Neunter Auftritt.

Louise. Sekretär Ahlden. Hernach Christian.

LOUISE. Bist du da? Bringst du uns Rettung?

SEKRETÄR. Ach! –

LOUISE. *Keine* Rettung? So ist es an mit uns, wir sind verloren!

SEKRETÄR. Was macht dein Vater?

LOUISE. Leidet, und ist dem Tode nahe. Meine Mutter ist in Verzweif-
lung – Eduard wage ich keine Minute zu verlassen. *Im Kabinet des alten Ruhberg wird geklingelt.* Mein Vater ruft – erwarte mich hier.

SEKRETÄR. Keine Aussicht – gar keine – Vater, du stürzest sie.

CHRISTIAN. Ihr Herr Vater schickt, Sie sollten gleich nach Hause kommen und auf ihn warten –

SEKRETÄR. Auf ihn warten, und jede Minute ist unschätzbar, wie kann ich? – dort – ja, ja, ich will gleich kommen –

CHRISTIAN *geht ab.*

LOUISE *kommt erschrocken aus dem Kabinet.* Ach Gott!

SEKRETÄR. Was ist's?

LOUISE. Er will ihn sprechen –

SEKRETÄR. Wen?

LOUISE. Meinen Bruder.

SEKRETÄR. Hat er ihn noch nicht gesprochen?

LOUISE. Nein, der Doktor hat's verboten. Ach ich zittre vor dieser Zusammenkunft, sie ist meines Vaters Tod. Er fährt zusammen, wenn er nur seinen Namen nennen hört. Ich will ihn rufen, ich darf nicht weit bleiben. – Mein Vater fürchtet sich vor dem Jammer meiner Mutter. Geh' du zu ihr, und sprich ihr Trost zu.

SEKRETÄR. Ich soll meinen Vater zu Hause erwarten. Ich darf nicht hier bleiben. Fasse Muth, ich will thun, was Liebe und Verzweiflung mir eingeben. *Geht ab.*

LOUISE. Der Segen der Liebe begleite dich! *Geht ab.*

Zehnter Auftritt.

CHRISTIAN *allein.* Das hätte mir einer vorher sagen sollen, als ich in das Haus trat, daß es so ein Ende nehmen würde. *Schließt den Koffer zu.* Wer weiß, wo du noch hinkommst? Wer dich auch auspackt, so redlich meint er es wahrlich nicht mit meinem unglücklichen Herrn, als ich.

Eilfter Auftritt.

Der Doktor. Voriger.

DOKTOR *kommt aus dem Kabinet.* Christian, lasse Er das Recept machen. Ich bleibe unten im Hause, und wenn Seinem Herrn etwas zustoßen sollte, so rufe Er mich.

Zwölfter Auftritt.

Vorige. Ruhberg Sohn.

RUHBERG DER SOHN. Herr Doktor, was macht mein Vater?
DOKTOR. Er ist matt – *sehr* matt.
RUHBERG DER SOHN. Glauben Sie, daß der Schreck tödtliche Folgen haben könnte?
DOKTOR. Im Anfange war ich sehr besorgt wegen der anhaltenden Krämpfe – sie haben aber nachgelassen, und wenn keine heftige Gemütsbewegung mehr nachkommt, *Der alte Ruhberg klingelt, Christian geht hinein.* so glaube ich, daß wir nichts zu befürchten haben. Aber – ich begreife nicht, wie Ihr Herr Vater an dem Unglück von einem Schwager so gefährlichen Antheil nimmt.
CHRISTIAN *zu Ruhberg Sohn.* Ihr Herr Vater wird gleich hier sein.
DOKTOR. Er hat mit Ihnen zu sprechen – ich werde indeß noch etwas im Hause bleiben. *Geht ab.*
RUHBERG DER SOHN *geht verzweifelnd umher.*
CHRISTIAN *zieht den Schlüssel vom Koffer.* Da mein Herr!

RUHBERG DER SOHN. Wozu das? –

CHRISTIAN. Ihr Herr Vater hat es mir so befohlen. *Geht ab.*

RUHBERG DER SOHN. Er wird kommen – in *diesem* Leben habe ich keinen solchen Augenblick mehr zu gewarten – Er kommt – Gott steh' mir bei!

Dreizehnter Auftritt.

Ruhberg Vater. Ruhberg Sohn.

RUHBERG VATER *kommt sehr langsam herunter.*

RUHBERG DER SOHN *sieht zur Erde nieder, und stürzt dann zu seinen Füßen.* Erbarmen – Vergebung!

RUHBERG VATER. Steh' auf – sieh mich an.

RUHBERG DER SOHN *wendet sich weg.*

RUHBERG VATER. Sieh mir in's Gesicht!

RUHBERG DER SOHN *hebt den Kopf furchtsam auf, und läßt ihn gleich wieder sinken.*

RUHBERG VATER. Du kannst mich nicht ansehen – sieh, so wird von nun an das Gesicht jedes ehrlichen Mannes dich blenden.

RUHBERG DER SOHN. O Gott!

RUHBERG VATER. Gräßlich bist du mit mir umgegangen – alle Freuden der Welt vermögen nicht, mir die Lebenskraft wieder zu geben – die du heut von mir genommen hast.

RUHBERG DER SOHN. Weh über mich!

RUHBERG VATER. Für meine Angst an deinem Krankenbette, für durchweinte Nächte, für jede Entsagung, für frühe graue Haare – für alle Vatersorgen – hättest du mich heute belohnen können, dann stände ich hier vor dir, und freuete mich meines glücklichen Alters meines gehorsamen Sohnes – Nun stehe ich hier vor dir, mißhandelt von deiner Ueppigkeit, und jammere über ein dürftiges, schändliches Alter.

RUHBERG DER SOHN. Wahr – Schrecklich wahr! Verstoßen Sie das Ungeheuer, das für alle Ihre Liebe mit Undank und Laster Ihnen lohnte. Verfluchen Sie mich!

RUHBERG VATER. Denkst du das von mir – Unglückliches Geschöpf? – Nein, ich fluche dir nicht! – Wahrlich, du bist unglücklicher als

104

ich. Jetzt leide ich, und leide sehr viel; – aber das wird bald aus sein. Ein Hügel kühler Erde über mich, und mein Elend ist vorbei – mein Andenken verloschen.

RUHBERG DER SOHN *einen Ausruf des Schmerzens.*

RUHBERG VATER. Aber du lebst – du *sollst* leben – und deine Kräfte sind gelähmt; du bist uneins mit dir, die Menschen wirst du hassen, sie werden dich meiden, ewig wirst du Frieden suchen – und nimmer finden. In fernen Landen, weit von dem Grabe deines Vaters wird die Thräne der Verzweiflung auf dürren Boden fallen, niemand wird ihrer achten. Geängstet vom Vergangenen – gequält vom Gegenwärtigen – wird eine kalte fremde Hand deine Augen schließen – Wahrlich, du bist ein unglückliches Geschöpf!

RUHBERG DER SOHN. O mein Vater – mein Vater!

RUHBERG VATER. Nenne mich nicht so, Unglücklicher! – vor wenig Stunden wäre mir es nicht um ein Königreich feil gewesen, daß ich sagen könnte: – »ich bin Vater dieses Sohnes.« Aber du hast ihn ja von mir genommen diesen Namen. Geh' hinaus in die Welt, und sei glücklich! – Wir sprechen uns zum letzten Male.

RUHBERG DER SOHN. Zum letzten Male?

RUHBERG VATER. – Zum letzten Male! – ich werde dich umarmen, dich segnen – du gehst – und mein Sohn ist gestorben.

RUHBERG DER SOHN. Ich soll Sie nicht wieder sehen?

RUHBERG VATER. – Auf der Welt nicht mehr.

RUHBERG DER SOHN. Ich soll Sie der Schande aussetzen, als ein feiger Bösewicht ein elendes Leben davon tragen?

RUHBERG VATER. Wenn dir mein letzter Wille heilig ist!

RUHBERG DER SOHN. Sie in Ketten, mein unschuldiger Vater in Ketten! in Ketten der Schande, die ihm sein Sohn –

RUHBERG VATER. Ich will es so! Es ist die Bedingung meiner Verzeihung. – Deine Sachen sind gepackt. Nimm die Post, in zwölf Stunden bist du über die Gränze. Hier nimm dies Geld – es ist mein letztes – und nun geh' – komm nie wieder hieher, – Sei meinetwegen unbesorgt! Der König ist gnädig – ist *mir* immer gnädig gewesen, er wird mich schonen.

RUHBERG DER SOHN. Ich kann nicht – ich kann nicht –

RUHBERG VATER. Alle Freude, die mir Gott bestimmt hatte – gewähre er dir. Wenn du jetzt von mir gehst sehen wir uns nicht wieder – es sind die letzten Worte deines Vaters – ehre sie!

RUHBERG DER SOHN. Sie sind mir heilig!

RUHBERG VATER. Du gehst in Verzweiflung von mir. Dein wartet vielleicht ein elendes Leben. Lege deine Hand nicht an dich selbst. Versprich mir das – *Ruhberg Sohn wendet sich weg.* Unglücklicher, versprich es!

RUHBERG DER SOHN. Ich verspreche es.

RUHBERG VATER. Und so müsse dich Gott in deiner letzten Stunde verlassen, wo du nicht hältst was du versprachst. Ich vergebe dir, ich segne dich. Ich drücke dich mit Todesangst an mein Herz. Ich bitte Gott, daß er dein Vater sei, wenn ich nicht mehr bin, daß er – daß *Er wird ohnmächtig.*

RUHBERG DER SOHN. Vater, mein Vater! – zu Hilfe – um Gottes willen zu Hilfe! –

Vierzehnter Auftritt.

Vorige. Louise.

LOUISE. Mein Vater – o Gott, mein Vater – *Sie setzen ihn auf einen Stuhl.*

RUHBERG DER SOHN. Er ist todt – Weh über mich. Heilige – mit Segen gegen deinen Mörder gingst du aus der Welt –

LOUISE. Er bewegt sich – er lebt! Gott sei Dank, er lebt!

RUHBERG DER SOHN. O Gott – du gabst ihm dies Leben nicht wieder, – um ihn in Schande sterben zu lassen.

Fünfzehnter Auftritt.

Vorige. Madame Ruhberg. Sekretär Ahlden. Oberkommissär. Ahlden.

OBERKOMMISSÄR. Der Mensch an seinem Halse, fort von ihm!

MADAME RUHBERG. Armer, unglücklicher Märtirer!

LOUISE. Er lebt, liebe Mutter!

OBERKOMMISSÄR. Fort mit dem da. *Er schleudert ihn weg.*

SEKRETÄR. Mein Vater – mein theurer Vater!

RUHBERG DER SOHN. Retten Sie meinen Vater! Ich flehe Ihre Barmherzigkeit an, um Rache gegen mich.

OBERKOMMISSÄR *hart.* Die will ich nehmen – darum komme ich.

MADAME RUHBERG. Darum führten Sie mich her – Zeuge soll ich sein, wie Sie uns zertreten, unserer Noth spotten?

OBERKOMMISSÄR. Sie sind nicht hilflos. Suchen Sie nur bei Ihren vornehmen Freunden.

SEKRETÄR. Mein Vater!

LOUISE. Schonen Sie unser!

OBERKOMMISSÄR. Sie opferten ihnen ja Vermögen, Ehre, Vaterfreuden, Glück und Himmel auf. Fünftausend Thaler können Sie jetzt vom Verderben retten. – Es ist eine Summe, die vielleicht eben jetzt auf ihren Spieltischen liegt. Gehen Sie, suchen Sie doch ihre Hilfe!

MADAME RUHBERG. Unmensch!

RUHBERG VATER. O mein Herr!

SEKRETÄR. Mein Vater!

LOUISE. Ach Gott!

RUHBERG DER SOHN. Nur zu, mein Herr. Ihre Grausamkeit ist mein Trost. Ich, der Mörder eines theuern Vaters, soll frei ausgehen? Dulden Sie das nicht, gerechter Mann! – Geben Sie mich an; oder haben Sie bereits Ihre Pflicht gethan?

OBERKOMMISSÄR. Ja Herr, das habe ich.

LOUISE. O Gott!

MADAME RUHBERG. Ich unglückliche Mutter!

RUHBERG VATER. Herr, ich fordere mein Kind von Ihnen.

OBERKOMMISSÄR. Und ich, Herr, fordere von Ihnen Rechenschaft für eine Seele, deren Bildung Ihnen Gott anvertraute. – Da steht er, das Opfer von Maximen und Weibererziehung. Jetzt soll er hingehen in Freiheit, und sich vervollkommnen zum Bösewicht, und vollenden als Selbstmörder! Elend, Schande und Verzweiflung sind die Folgen eurer Erziehung. Und du – Mensch! weißt du es, wohin du sie gebracht hast? deine Mutter wollte sich als Thäterin angeben. Ich hielt sie zurück.

RUHBERG VATER. Meine Frau!

RUHBERG DER SOHN. O ich Ungeheuer – meine Mutter!

OBERKOMMISSÄR. Auf allen Seiten Elend und nirgends Rettung.

MADAME RUHBERG. Rettet euch – rette dich, unglücklicher Mann!

LOUISE. Fliehen Sie, mein Vater!

SEKRETÄR *geht im Hintergrunde heftig auf und nieder.*

OBERKOMMISSÄR. Es ist zu spät, meine Veranstaltung mach die Flucht unnütze.

SEKRETÄR. Mein Vater – bei dem Andenken meinem Mutter beschwöre ich Sie!

RUHBERG DER SOHN. Erbarmen für meinen Vater!

LOUISE. Um Gottes willen, Erbarmen!

OBERKOMMISSÄR. Die Thüren eurer vornehmen Freunde sind verschlossen – es ekelt ihnen vor eurer Noth. *Mit großer Härte steigend.* Mich habt ihr verkannt, vielleicht verachtet, meine altväterische Sitte verspottet. – Meinen Sohn haben Sie für Ihre Tochter nicht gewollt – nun will ich Ihre Tochter nicht für meinen Sohn. – *Alle drücken in willkürlichen Worten Verachtung aus.* Mein Sohn soll ein reiches Mädchen heirathen – ein Mädchen – *Er wirft einen Geldsack hin, und umarmt Louisen.* – die allenfalls einen unglücklichen Vater auslösen kann. *Alle erstaunen lebhaft in einzelnen unartikulirten Tönen, aber niemand spricht.* Ja, ich wäre gern schuldenfrei gestorben – es soll nicht sein. – Nun die Schuld wird mir Gott mit Wucher ersetzen!

RUHBERG DER SOHN. Engel der Rettung!

MADAME RUHBERG. Ich kann Ihnen nicht danken – ich bin außer mir.

OBERKOMMISSÄR. Komm mein Sohn, dir bin ich diese Belohnung schuldig gewesen. Deinetwegen habe ich selbst von Juden und Christen geborgt. Du warst immer ein guter Sohn, ein gehorsamer Sohn, ein fleißiger Bürger – Gott wird dir gute Tage geben, dich segnen, und ich segne dich auch.

RUHBERG VATER. Mann, Sie retten mich vom Verderben.

OBERKOMMISSÄR. Die Kur war etwas hart – aber auch ein böser Schaden. Junger Mensch, – fort muß Er, das versteht sich. Aber ich will Ihm schon Auskunft geben. Apropos – ich höre, das Fräulein hat Ihm eine Rekreation geschickt – die gebe Er mir – im Ernst gesprochen – die gebe Er mir. *Ruhberg der Sohn gibt ihm die zwanzig Louisd'or.* So, die will ich dem Fräulein Jesabel persönlich zur schuldigen Danksagung restituiren, und noch ein paar Wörtchen im Kauf!

RUHBERG DER SOHN. O mein Herr, Dank ist von mir Unglücklichen zu wenig – Aber Gott sei mein Zeuge –

84

OBERKOMMISSÄR. Meiner gegen Ihn an jenem Tage, wenn Er jetzt nicht ein braver Kerl wird! – Nun bitte ich euch, vergebt ihm; Unglück mag ihn bessern! Ehre Er eine edle Freiheit, bleibe Er bei seines gleichen – sei Er redlich, gut und froh – und wenn ich schon lange vermodert bin – sage Er seinen Kindern, daß sie es auch so machen – und, wenn es Ihm dann nach geändertem Wandel gut geht, so trinkt ein Glas deutschen Weins zum Andenken des alten Oberkommissärs.

Biographie

1759   *19. April:* August Wilhelm Iffland wird als Sohn eines Kanzlei-registrators in Hannover geboren. Gemäß den Plänen seines Vaters soll er eigentlich Theologie studieren.

1777   Nach einem heftigen Streit mit seinem Vater und einer heimlichen Flucht im Februar beginnt seine Karriere am Gothaer Hoftheater.

1779   Infolge der Auflösung des Gothaer Theaters wird Iffland ans Nationaltheater in Mannheim berufen.

1782   Seinen ersten schauspielerischen Triumph erlebt er als Franz Moor in der Uraufführung von Schillers »Die Räuber«.

1784   »Verbrechen aus Ehrsucht« wird in Mannheim uraufgeführt.

1785   »Die Jäger. Ein ländliches Sittengemälde« erscheint.

1789   »Figaro in Deutschland« wird in Mannheim aufgeführt.

1796   Während des Revolutionskrieges in Mannheim wird Iffland als Nationaltheaterdirektor nach Berlin berufen.

1798   Die Autobiographie »Meine theatralische Laufbahn« ist eigentlich eine getarnte Verteidigungsschrift seines Weggangs aus Mannheim.

1811   Iffland wird Generaldirektor der königlichen Theater zu Berlin. In 65 geschickt aufgebauten Stücken trifft er genau den Zeitgeschmack. Sein Erfolgsrezept erörtert der neben Kotzebue meistgespielte Bühnenautor der Goethezeit in »Theorie der Schauspielkunst«.

1814   *22. September:* August Wilhelm Iffland stirbt in Berlin und wird auf dem Evangelischen Friedhof der Jerusalems- und Neuen Kirchengemeinde bestattet.

Erzählungen der Frühromantik

1799 schreibt Novalis seinen Heinrich von Ofterdingen und schafft mit der blauen Blume, nach der der Jüngling sich sehnt, das Symbol einer der wirkungsmächtigsten Epochen unseres Kulturkreises. Ricarda Huch wird dazu viel später bemerken: »Die blaue Blume ist aber das, was jeder sucht, ohne es selbst zu wissen, nenne man es nun Gott, Ewigkeit oder Liebe.«

Tieck Peter Lebrecht **Günderrode** Geschichte eines Braminen **Novalis** Heinrich von Ofterdingen **Schlegel** Lucinde **Jean Paul** Des Luftschiffers Giannozzo Seebuch **Novalis** Die Lehrlinge zu Sais
ISBN 978-3-8430-1878-4, 416 Seiten, 29,80 €

Erzählungen der Hochromantik

Zwischen 1804 und 1815 ist Heidelberg das intellektuelle Zentrum einer Bewegung, die sich von dort aus in der Welt verbreitet. Individuelles Erleben von Idylle und Harmonie, die Innerlichkeit der Seele sind die zentralen Themen der Hochromantik als Gegenbewegung zur von der Antike inspirierten Klassik und der vernunftgetriebenen Aufklärung.

Chamisso Adelberts Fabel **Jean Paul** Des Feldpredigers Schmelzle Reise nach Flätz **Brentano** Aus der Chronika eines fahrenden Schülers **Motte Fouqué** Undine **Arnim** Isabella von Ägypten **Chamisso** Peter Schlemihls wundersame Geschichte **Hoffmann** Der Sandmann **Hoffmann** Der goldne Topf
ISBN 978-3-8430-1879-1, 408 Seiten, 29,80 €

Erzählungen der Spätromantik

Im nach dem Wiener Kongress neugeordneten Europa entsteht seit 1815 große Literatur der Sehnsucht und der Melancholie. Die Schattenseiten der menschlichen Seele, Leidenschaft und die Hinwendung zum Religiösen sind die Themen der Spätromantik.

Brentano Die drei Nüsse **Brentano** Geschichte vom braven Kasperl und dem schönen Annerl **Hoffmann** Das steinerne Herz **Eichendorff** Das Marmorbild **Arnim** Die Majoratsherren **Hoffmann** Das Fräulein von Scuderi **Tieck** Die Gemälde **Hauff** Phantasien im Bremer Ratskeller **Hauff** Jud Süss **Eichendorff** Viel Lärmen um Nichts **Eichendorff** Die Glücksritter
ISBN 978-3-8430-1880-7, 440 Seiten, 29,80 €

Dekadente Erzählungen

Im kulturellen Verfall des Fin de siècle wendet sich die Dekadenz ab von der Natur und dem realen Leben, hin zu raffinierten ästhetischen Empfindungen zwischen ausschweifender Lebenslust und fatalem Überdruss. Gegen Moral und Bürgertum frönt sie mit überfeinen Sinnen einem subtilen Schönheitskult, der die Kunst nichts anderem als ihr selbst verpflichtet sieht.

Rainer Maria Rilke Die Aufzeichnungen des Malte Laurids Brigge **Joris-Karl Huysmans** Gegen den Strich **Hermann Bahr** Die gute Schule **Hugo von Hofmannsthal** Das Märchen der 672. Nacht **Rainer Maria Rilke** Die Weise von Liebe und Tod des Cornets Christoph Rilke

ISBN 978-3-8430-1881-4, 412 Seiten, 29,80 €

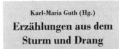

Erzählungen aus dem Sturm und Drang

Zwischen 1765 und 1785 geht ein Ruck durch die deutsche Literatur. Sehr junge Autoren lehnen sich auf gegen den belehrenden Charakter der - die damalige Geisteskultur beherrschenden - Aufklärung. Mit Fantasie und Gemütskraft stürmen und drängen sie gegen die Moralvorstellungen des Feudalsystems, setzen Gefühl vor Verstand und fordern die Selbstständigkeit des Originalgenies.

Jakob Michael Reinhold Lenz Zerbin oder Die neuere Philosophie **Johann Karl Wezel** Silvans Bibliothek oder die gelehrten Abenteuer **Karl Philipp Moritz** Andreas Hartknopf. Eine Allegorie **Friedrich Schiller** Der Geisterseher **Johann Wolfgang Goethe** Die Leiden des jungen Werther **Friedrich Maximilian Klinger** Fausts Leben, Taten und Höllenfahrt

ISBN 978-3-8430-1882-1, 476 Seiten, 29,80 €

Erzählungen aus dem Sturm und Drang II

Johann Karl Wezel Kakerlak oder die Geschichte eines Rosenkreuzers **Gottfried August Bürger** Münchhausen **Friedrich Schiller** Der Verbrecher aus verlorener Ehre **Karl Philipp Moritz** Andreas Hartknopfs Predigerjahre **Jakob Michael Reinhold Lenz** Der Waldbruder **Friedrich Maximilian Klinger** Geschichte eines Teutschen der neusten Zeit

ISBN 978-3-8430-1883-8, 436 Seiten, 29,80 €